C0-AOK-896

Hans Peter Rüger

Text und Textform im hebräischen Sirach

Hans Peter Rüger

Text und Textform im hebräischen Sirach

Untersuchungen zur Textgeschichte und Textkritik
der hebräischen Sirachfragmente aus der Kairoer Geniza

Walter de Gruyter & Co.
Berlin 1970

Beihefte zur Zeitschrift für die alttestamentliche Wissenschaft
Herausgegeben von Georg Fohrer
112

Gedruckt mit Unterstützung der Deutschen Forschungsgemeinschaft

Printed in Germany
Satz und Druck: J. J. Augustin, Glückstadt
Archiv-Nr. 38 22 70 3

Vorwort

Die folgende Studie, die aus den Vorarbeiten zu einer Neuausgabe des hebräischen Sirach im Rahmen der „Biblia Hebraica Stuttgartensia" erwachsen ist, hat im Wintersemester 1965/66 der Evangelisch-theologischen Fakultät der Eberhard-Karls-Universität Tübingen als Habilitationsschrift vorgelegen. Für den Druck habe ich sie noch einmal durchgesehen.

Mein Dank gilt meinem verehrten Lehrer Herrn Prof. D. Karl Elliger für sein Geleit in den zurückliegenden Jahren, Herrn Prof. D. Dr. Georg Fohrer und dem Verlag Walter de Gruyter & Co. für ihre Bereitschaft, die Arbeit in die „Beihefte zur Zeitschrift für die alttestamentliche Wissenschaft" aufzunehmen, und der Deutschen Forschungsgemeinschaft für die Gewährung eines namhaften Druckkostenzuschusses. Herrn Dr. Diether Kellermann danke ich für das Mitlesen der Korrekturen.

Tübingen, im Dezember 1969

Hans Peter Rüger

Verzeichnis der Siglen

1. *Zu Sirach*

H Die hebräischen Sirach-Fragmente aus der Kairoer Geniza (H^{A}–H^{E}), aus Qumrān (H^{Q}) und Masada (H^{M}) sind nach folgenden Publikationen zitiert:

H^{A} Facsimiles of the Fragments hitherto Recovered of the Book of Ecclesiasticus in Hebrew, 1901.

H^{B} Facsimiles .... *und* J. Schirmann, A New Leaf from the Hebrew "Ecclesiasticus" (Ben Sira), Tarbiṣ 27 (1957/58), 440–443 (hebr.); ders., Some Additional Leaves from Ecclesiasticus in Hebrew, Tarbiṣ 29 (1959/60), 125–131 (hebr.).

H^{C} Facsimiles ... *und* J. Schirmann, Some Additional Leaves from Ecclesiasticus in Hebrew, Tarbiṣ 29 (1959/60), 131–134 (hebr.).

H^{D} Facsimiles ....

H^{E} J. Marcus, Ben Sira, the Fifth Manuscript and a Prosodic Version of Ben Sira, JQR NS 21 (1930/31), 223–240.

H^{Q} 2Q 18,1.2 *und* 11Q Ps^{a} XXI 11–17 XXII 1.

H^{M} Y. Yadin, The Ben Sira Scroll from Masada, 1965.

Gr Septuaginta, Vetus Testamentum Graece Auctoritate Societatis Litterarum Gottingensis editum, vol. XII, 2, Sapientia Iesu Filii Sirach, ed. J. Ziegler, 1965.

La Biblia Sacra iuxta Latinam Vulgatam versionem ad codicum fidem cura et studio Monachorum Abbatiae Pont. S. Hieronymi in Urbe O.S.B. edita, XII Liber Hiesu Filii Sirach, 1964.

Syr^{A} Translatio Syra Pescitto Veteris Testamenti ex Codice Ambrosiano sec. fere VI photolithographice edita curante et adnotante A.M. Ceriani, II 1876.

Syr^{L} P. A. de Lagarde, Libri Veteris Testamenti Apocryphi Syriace, 1861.

Syr^{M} Biblia Sacra iuxta versionem simplicem quae dicitur Pschitta, 1951^{2}.

Syr^{W} Biblia Sacra Polyglotta ..., ed. B. Walton, IV 1657.

Arab Biblia Sacra Polyglotta ..., ed. B. Walton, IV 1657.

2. *Zum kanonischen Alten Testament*

M Biblia Hebraica ... ed. R. Kittel textum masoreticum curavit P. Kahle, 1937^{3} (Nachdruck 1952^{8}).

Gr Septuaginta id est Vetus Testamentum Graece iuxta LXX interpretes, ed. A. Rahlfs, 2 vol., 1952^{5}.

Syr כתבא קדישא:דיתקא עתיקתא, 1852 (Nachdruck 1954).

T^{JII} M. Ginsburger, Das Fragmententhargum (Thargum Jeruschalmi zum Pentateuch), 1899.

T^{JI} M. Ginsburger, Pseudo-Jonathan (Thargum Jonathan ben Usiël zum Pentateuch), 1903.

T P. de Lagarde, Hagiographa Chaldaice, 1873.

T^{O} A. Sperber, The Bible in Aramaic,
Vol. I, The Pentateuch according to Targum Onkelos, 1959.

T^{J} Vol. II, The Former Prophets according to Targum Jonathan, 1959.
Vol. III, The Latter Prophets according to Targum Jonathan, 1962.

س^{T} H. Petermann — C. Vollers, Pentateuchus Samaritanus, 1872–1891.

V Biblia Sacra Vulgatae editionis . . ., ed. V. Loch, 4 in 2 vol., 1862–1863.

3. *Zum Neuen Testament*

Gr Novum Testamentum Graece cum apparatu critico curavit . . . E. Nestle novis curis elaboraverunt . . . E. Nestle et K. A. Aland, 1957^{23}.

Syr The New Testament in Syriac, 1919 (Nachdruck 1962).

H F. Delitzsch, ספרי הברית החדשה נעתקים מלשון יון ללשון עברית, 1960.

In der Kapitelzählung folgt die vorliegende Arbeit der Vetus Latina und der Peschitta, in der Verszählung schließt sie sich soweit als möglich an die Septuaginta an.

Inhaltsverzeichnis

I. Einleitung

Das Interesse an der Textgeschichte und der Textkritik des hebräischen Sirach, das nach den bahnbrechenden Untersuchungen von I. Lévi[1]), N. Peters[2]) und R. Smend[3]) zu Beginn dieses Jahrhunderts fast erloschen war[4]), ist durch die Entdeckung weiterer Ecclesiasticus-Fragmente in der Kairoer Geniza[5]), in Qumrān[6]) und in Masada[7]) neu entfacht worden, wie die Bearbeitungen dieser Fragmente durch M.ṣ. Segal[8]), F. Vattioni[9]) und E. Vogt[10]) zeigen.

Im Zusammenhang damit ist auch die Frage nach der Authentizität der Sirach-Fragmente aus der Kairoer Geniza, die seit dem aufsehenerregenden Pamphlet von D. S. Margoliouth[11]) trotz der Untersuchungen von A. Fuchs[12]) nie ganz zur Ruhe gekommen war[13]), neu aufgeworfen worden: J. Ziegler[14]) möchte je ein Wort in Sir 11_{2b} 20_{13a} und 37_{20b} als Rückübersetzung aus dem Griechischen betrachtet wissen, während A. A. Di Lella[15]) für einzelne Stichen und Distichen von Sir 5_{4-6} 10_{31} $15_{14.15.20}$ 16_{3} und 32_{16} Retroversion aus dem Syrischen wahrscheinlich zu machen sucht.

1. Sieht man sich die vermeintlichen Rückübersetzungen aus dem Griechischen genauer an, so ergibt sich folgendes Bild:

a) 11_{2b}	H^{A}	ואל תתעב אדם מכ[וע]ר במראהו
	H^{B}	ואל תתעב אדם מעזב במראהו
	H^{Bmg}	מְכוֹעָ[ר]
	H^{Bmg}	אל תתע[ב] אדם
	Gr	καὶ μὴ βδελύξῃ ἄνθρωπον ἐν ὁράσει αὐτοῦ
	Gr^{46}	ἀοράσει
	Syh	*invisibilitate*
	Sa Aeth	*foeditate*
	La	*neque spernas hominem in visu suo*
	Syr	ולא תגנא לברנשא דסנא בחזוה

Auf Grund der Tatsache, daß 13_{22b} H^{A} מכוערין von Gr mit ἀπόρρητα wiedergegeben wird, erwägt J. Ziegler[16]) die Möglichkeit, in 11_{2b} ἐν ἀπορρήσει αὐτοῦ zu konjizieren, und fährt dann fort: «Das seltene ἀπορρήσει (GrI) wäre ... zum ungebräuchlichen ἀοράσει (GrII) und schließlich zum bekannten ὁράσει (𝔊) geworden. Als hebr. Vorlage müßte *bkwʿrw* angenommen werden, das zu *mkwʿr* verbessert worden wäre. Zu dem seltenen *bkwʿro* (!) wurde das bekannte *bmr'hw* zunächst als Randnote geschrieben, die dann in den Text geriet, wo sie heute noch steht. Jedenfalls ist *bmr'hw* sekundär; ja, es erweckt den dringenden Verdacht, daß es nichts anderes als eine hebr. Rückübersetzung von ἐν ὁράσει αὐτοῦ ist.»

Bemerkungen. Erstens: Gr καὶ μὴ βδελύξῃ ἄνθρωπον ἐν ὁράσει αὐτοῦ liegt ואל תתעב אדם במראהו zugrunde, vgl. 25_{17a} 49_{8a} Gen 2_9 Jdc 13_6 (bis) Ez $1_{5.13.26.27}$ (quater). $_{28}$ (bis) usw. H(M) מראה = Gr ὅρασις, eine Lesart, die anscheinend auch H^{Bmg} אל תתעב אדם voraussetzt, so daß von einem «Werden» von Gr ὁράσει nicht die Rede sein kann. Zweitens: Syr ולא תגנא לברנשא דסוא בחזוה ist wörtliche Übersetzung der um die erklärende Glosse מכוער erweiterten Lesart von H^{ABmg} ואל תתעב אדם מכוער במראהו, vgl. 13_{22b} H^{A} מכוערין = Syr סניֿא. Drittens: Das Bindeglied zwischen der Vorlage von Gr und H^{ABmg} Syr ist die exegetische Tradition der Juden, die sich z.B. in den Ausführungen David Kimchis zu Jes 53_2 niedergeschlagen hat ונראהו ולא מראה.והיינו רואים אותו ולא היה מראהו יפה אלא כעור ומשונה משאר בני אדם[17]). Viertens: Gr^{46} Syh ἀοράσει Sa Aeth *foeditate* ist nicht als eine dem ursprünglichen ἀπορρήσει noch relativ nahestehende, Gr ὁράσει vorzuziehende Lesart zu betrachten, sondern Korrektur von Gr an Hand von H^{ABmg} Syr מכוער במראהו. Fünftens: H^{B} מעזב במראהו, das J. Ziegler bei seinen Überlegungen völlig außer Betracht läßt, stellt eine Weiterbildung von H^{ABmg} Syr מכוער במראהו dar, zu der ein Wortpaar wie das Gen r 45 bezeugte מתכערת ומתעזבת den Anlaß gegeben haben mag.

b) 20_{13a} H^{C} חכם במעט דבר
$Gr^{B\ 155\ 547\ 673c}$ Mal. ὁ σοφὸς ἐν λόγῳ
Gr^{253} ὀλίγοις
Gr^{rel} λόγοις
La *sapiens in verbis*
Syr om.

20_{27a} H om.
$Gr^{358\ 542}$ ὁ σοφὸς ἐν λόγῳ
Gr^{rel} λόγοις
La *sapiens in verbis*
Syr דחכמתא איך זעורא

Dazu notiert J. Ziegler[18]): «An beiden Sir.-Stellen ist ὀλίγοις ursprünglich. Das Ideal des Weisen, vor allem des Redners, ist ὀλίγα, nicht πολλά; sein Motto lautet: ἐν ὀλίγοις πολλά (35_8). 20_{13} liegt in H eine Dublette ... *dbr* = *bmʿṭ* (!) vor: *bmʿṭ* (!) = ἐν ὀλίγοις ist primär, *dbr* = λόγῳ ist sekundär. Sm(end) hat die Dublette in H ... völlig verkannt und möchte sie sogar in G übernehmen: 'Danach ist wohl ἐν ὀλίγοις λόγοις anzunehmen' (S. 183). Dies ist unzulässig; λόγοις ist eine nähere Bestimmung von ὀλίγοις. ... Wie ist die Dublette in H entstanden? Wahrscheinlich aus einer Randglosse *dbr* zu *bmʿṭ* (!), die dann in den Text geraten ist. B alii haben *dbr* mit λόγῳ wiedergegeben, das im Anschluß an das ursprüngliche ὀλίγοις in den Plural λόγοις gesetzt wurde. Oder ist *dbr* eine Rückübersetzung von λόγῳ?»

Bemerkungen. Erstens: Daß «an beiden Sir.-Stellen ... ὀλίγοις ursprünglich (ist)», bleibt trotz des Hinweises auf $32(35)_{8}$ fraglich. Denn $20_{13a.27a}$ Gr ὁ σοφὸς ἐν ... ist kaum von 9_{17b} H^{A} חכם ביטה Gr σοφὸς ἐν λόγῳ αὐτοῦ Gr^{S*} σοφὸς ἐν λόγοις αὐτοῦ Gr^{311} ἐν λόγῳ σοφός, 37_{26a} H^{CD} חכם עם Gr ὁ σοφὸς ἐν τῷ λαῷ αὐτοῦ und 44_{4c} H^{BM} חכמי שיח Gr σοφοὶ λόγοι Gr$^{c-679-795\ 249\ 315'\ 358\ 443*\ 543\ 547\ 755}$ σοφοὶ λόγοις (Gr^{443c} λόγους) Gr^{A} σοφοὶ ἐν λόγοις Gr$^{L(exc\ 248)}$ σοφοὶ λόγιοι Gr^{542} σοφὸς λόγος zu trennen, wo Gr σοφὸς (σοφοὶ) ἐν ... durchweg Wiedergabe des status constructus sg. (pl.) von חכם mit folgendem nomen rectum ist[19]. Zweitens: Ist diese Beobachtung richtig, dann ist in 20_{13a} Gr$^{B\ 155\ 547\ 673c}$ Mal. ἐν λόγῳ, in 20_{27a} Gr^{rel}(La) ἐν λόγοις die ursprüngliche Lesart. 20_{13a} Gr^{rel} (La) ἐν λόγοις ist an 20_{27a}, 20_{27a} Gr$^{358\ 542}$ ἐν λόγῳ an 20_{13a} angeglichen. Drittens: Die Vorlage von 20_{13a} Gr ἐν λόγῳ hat sich in H^{C} דבר erhalten. Für 20_{27a} Gr ἐν λόγοις läßt sich auf Grund von 44_{4c} שיח vermuten. Viertens: H^{C} במעט ist erklärende Glosse, die dazu dient, den Gegensatz von 20_{13a} ὁ σοφὸς ἐν λόγῳ ἑαυτὸν προσφιλῆ ποιήσει zu 20_{8a} ὁ πλεονάζων λόγῳ βδελυχθήσεται zu unterstreichen. Fünftens: Gr^{253} ἐν ὀλίγοις ist Korrektur von Gr an Hand von H^{C} במעט. Sechstens: In der Vorlage von 20_{27a} Syr איך זעורא (= כמעט) hatte die Glosse (במעט) das Glossierte (שיח?) anscheinend bereits verdrängt.

c) 37_{20b} H^{B} ומכל מאכל תענוג נבצר
H^{D} ומכל מאכל תענוג נבצר
Gr$^{B\ A\ 964\ S^{c}\ rel}$ Mal. οὗτος πάσης τροφῆς καθυστερήσει
Gr$^{S*\ O-V\ L'-157'-672\ 46\ 336\ 534\ 542\ 679}$ Arm Mal. σοφίας: ex 21b
Dam. p. 76 χρείας
La *omni re defraudabitur*
Sa τρυφη
Syr ומן כל איקר כלא נפשה

Nachdem er mit der Begründung, «die Vokabel τροφή ... gehört nicht zum Wortschatz des griech. Sirach-Übersetzers», festgestellt hat: «Die hebr. Vorlage verlangt, daß ... τρυφή als ursprünglich in den Text aufzunehmen ist», schreibt J. Ziegler[20]: «Auch hier kann man ... fragen: Stammt τροφή von einer Randnote *m'kl* in einer hebr. Vorlage, oder stammt gar das hebr. *m'kl* von der griech. Variante τροφή? Es ist noch darauf hinzuweisen, daß Syr 37_{29} die gleiche Dublette hat.»

Bemerkungen. Erstens: Die Dublette des Syr 37_{29a} H^{B} לכל תענג H$^{Bmg\ D}$ אל תענוג Gr ἐν πάσῃ τρυφῇ La *in omni epulatione* Syr מאכולתא

דתפניקא darf nicht für sich betrachtet werden. Der Vergleich mit 37_{28a} H^{B} כי לא הכל לכל טוב $H^{Bmg\ D}$ כי לא לכל טוב תענוג Gr οὐ γὰρ πάντα πᾶσιν συμφέρει La *non enim omnia omnibus expediunt* Syr מטל דלא הוא כל מאכולתא טבא zeigt, daß Syr 37_{29a} nicht auf der Vokabel-Variante Gr τρυφῇ $Gr^{46\ 755}$ Aeth τροφῇ, sondern auf der Verlesung oder Verschreibung von לכל = אל כל zu אוכל beruht[21]). Von daher ist die Vermutung R. Smends (ebenso N. Peters), H^{BD} 37_{20b} מאכל sei «schlechte Dittographie von מכל» grundsätzlich gar nicht so abwegig. Zweitens: Gegen die Annahme einer Retroversion spricht vor allen Dingen 37_{30a} H^{B} כי ברוב תענוג $H^{Bmg\ D}$ כי ברב אוכל Gr ἐν πολλοῖς γὰρ βρώμασιν La *in multis enim escis* Syr מטל דמן סגיאותא דמאכולתא, wo תענוג als varia lectio zu אוכל erscheint, ohne daß die Vokabel-Variante τρυφή — τροφή im Spiele wäre. Drittens: H^{BD} 37_{20b} מאכל und H^{B} 37_{30a} תענוג sind erklärende Glossen zu תענוג bzw. אוכל. Viertens: Die Rechtfertigung für die Gleichsetzung von אוכל/מאכל und תענוג mag man in Jes 55_{2} שמעו שמוע אלי ואכלו טוב ותתענג בדשן נפשכם gefunden haben, wo אכל und התענג im synonymen parallelismus membrorum stehen. Jedenfalls wird Gen 40_{17} M מכל מאכל פרעה von T^{JI} mit מכל תפנוקי מיכל פרעה wiedergegeben. Fünftens: Syr 37_{20b} איקר wird unter dem Einfluß von 37_{24} ... חכם לנפשו ישבע תענוג // 37_{26} ... חכם עם ינחל כבוד entstanden sein, die in H^{CD} unmittelbar aufeinander folgen.

Bei den vermeintlichen Rückübersetzungen aus dem Griechischen in Sir 11_{2b} 20_{13a} und 37_{20b} handelt es sich also de facto um *genuin hebräische Glossen* zu dem ursprünglichen, auch von der Septuaginta bezeugten Sirachtext, deren Entstehung sich auf Grund der exegetischen Tradition der Juden einsichtig machen läßt. Das wird besonders deutlich an a) und b), wo die Übersetzung des Enkels (GrI) noch den ursprünglichen Text überliefert, während Syh bzw. Gr^{253}, die beiden Hauptzeugen der origeneischen Rezension[22]), bereits den glossierten Text voraussetzen. Origenes aber hat ebenso wie Lukian und die Vetus Latina aus der sogenannten zweiten griechischen Übersetzung (GrII)[23]) geschöpft, die ihrerseits auf eine gegenüber der Vorlage des Enkels veränderte hebräische Textform zurückgeht.

2. Nicht anders verhält es sich mit den angeblichen Retroversionen aus dem Syrischen, von denen im folgenden drei Beispiele, Sir 16_{3b}, 16_{3d} und 32_{16b}, untersucht werden sollen.

a) 16_{3b} H^{A} ואל תבטח בעקבותם
כי לא תהיה להם אחרית טובה

H^{B} ואל תבטח בחיליהם
[ואל תבטח ב]עקבותם
כי לא תהיה להם אחרית טובה

$Gr^{B\ 46}$ καὶ μὴ ἔπεχε ἐπὶ τὸν τόπον αὐτῶν

La *et ne respexeris in labores illorum*

Syr ולא תהימן דהויא להון חרתא טבתא

A. A. Di Lella[24]) stellt fest: «Syriac reverses the verbs in a and b» und «Syriac (ܣܘܦܐ) . . . understands עקבות as 'end.' The phrase τὸν τόπον αὐτῶν, found in codices B and 308 (= 46), also seems to go back to עקבותם; that is to say, this Greek takes from the Hebrew word the idea of 'footprint/*place* where the foot has touched'» und fährt dann fort: «3c (= 3b) . . . exists only in Hebrew and is obviously an addition, as all scholars agree . . . . It is indeed probable that Syriac 3b is a translation (admittedly somewhat free) of Hebrew 3b (MS A). If that is the case, the most reasonable account of Hebrew 3c is that it is a retroversion of Syriac 3b.»

Bemerkungen. Erstens: Gr^{B46} καὶ μὴ ἔπεχε ἐπὶ τὸν τόπον αὐτῶν setzt H^{AB} ואל תבטח בעקבותם voraus, vgl. 10_{16a} H^{A} עקבת = Gr χώρας. La *in labores illorum* entspricht Gr^{679} ἐπὶ τὸν κόπον αὐτῶν. Zweitens: 10_{16a} H^{A} עקבת und 13_{26a} H^{A} עקבת werden von Syr mit עֲקבתא bzw. עֲקבתה wiedergegeben[25]). Warum sollte er hier zu der «zugegebenermaßen etwas freien Übersetzung» דהויא להון תרתא טבתא seine Zuflucht nehmen? Drittens: Sieht man davon ab, daß Syr die Verben der beiden Stichen 16_{3a} und $_{3b}$ vertauscht, dann ist Syr ולא תה·מן דהויא להון תרתא טבתא wörtliche Übersetzung von ... ואל תבטח ... כי תהיה להם אחרית טובה. Viertens: Das Bindeglied zwischen 16_{3b} und der erklärenden Glosse 16_{3c} ist die exegetische Tradition der Juden, die im Kommentar מצודת ציון des David Altschul zu Ps 119_{33} folgendermaßen formuliert wird: עקב. ענין סוף ואחרית ע״ש שהעקב הוא סוף הגוף ובעבור זה יקרא גם השכר בלשון עקב כמ״ש והיה עקב תשמעון כי השכר הוא סוף המעשה ([26](Dtn 7_{12}). Dieselbe Tradition findet sich in T^{JII} zu Gen 3_{15} עקב: בסוף עקב יומיא ביומוי דמלכא משיחא und im Kommentar Raschis zu Ps 89_{52} עקבות משיחך: סופי מלך המשיח ולשון משגה[27]) הוא בעקבות המשיח חוצפא יסגא und hat sich ferner in der Tatsache niedergeschlagen, daß עקב (Gen 3_{15} Ps 49_{6}) und אחרית (Gen 49_{1} Num 23_{10} $24_{14.20}$ Dtn 4_{30} 8_{16} usw.) von den Targumim unterschiedslos mit סופא übersetzt werden. Fünftens: H^{B} ואל תבטח בתיליהם ist eine Weiterbildung von H^{AB} ואל תבטח בעקבותם auf Grund von Ps $49_{6b.7a}$ עון עקבי יסובני: הבטחים על חילם.

b) 16_{3d} H^{A} ומות ערירי ממי שהיו לו בנים רבים [עו]לה
ומאחרית זדון

H^{B} ומות ערירי מאחרית זדון
[טו]ב מות ערירי ממי שיהיו לו בנים רבים בני עולה
ומאחרית זדון

Gr καὶ ἀποθανεῖν ἄτεκνον ἢ ἔχειν τέκνα ἀσεβῆ

La *et utile mori sine filiis quam relinquere filios impios*

Syr והו דמאת דלא בנ̈יא מן הו דהוין לה בנ̈יא סג̈יאא דעולא

A. A. Di Lella[28]) notiert: «After offering the genuine text of Ben Sira (ומות ערירי מאחרית זדון), MS B presents us with an expanded form of the doublet contained in MS A. ... Instead of the anomalous last three words of the doublet in MS A, MS B provides us with a grammatically correct phrase: בנים רבים בני עולה. But it seems hardly probable that a Jewish scribe would write such a Hebrew phrase, *unless he were making a slavish translation from another language*. For if the scribe were composing on his own initiative a Hebrew paraphrase or variant of Ben Sira's original text, he would have written בני עולה רבים or added after בנים רבים one of the many adjectives meaning 'evil, wicked, godless' (נבלים, זדים, רשעים, רעים). Since, therefore, he wrote the extremely clumsy but nevertheless grammatically correct phrase בנים רבים בני עולה, he must have made a word for word translation of the perfectly normal (grammatically and syntactically) Syriac phrase ܒܢܝܐ ܣܓܝܐܐ ܕܥܘܠܐ. Thus, retroversion appears to be the only reasonable explanation of the origin of this doublet.»

Bemerkungen. Erstens: Gr καὶ ἀποθανεῖν ἄτεκνον ἢ ἔχειν τέκνα ἀσεβῆ setzt H^B ומות ערירי מאחרית זדון voraus, vgl. 11_{28b} 32_{22b} Jer 31_{17} Ps 109_{13} H(M) אחרית = Gr τὰ τέκνα. Zweitens: Mit einer Ausnahme (38_{20b} H^B אחרית = Syr עקתא) wird H אחרית von Syr stets mit חרתא (3_{26a} 7_{36a} 11_{27b} 31_{22b}) oder אחריתא (11_{28b} 48_{24a}[29])) wiedergegeben. Warum sollte er hier die Übersetzung בנ̈א סג̈יאא wählen? Drittens: Syr והו דמאת דלא בנ̈א מן הו דהוין לה בנ̈א סג̈יאא דעולא ist wörtliche Übersetzung von H^A ומות ערירי ממי שהיו לו בנים רבים עולה. Viertens: Das Bindeglied zwischen H^B מאחרית זדון und H^A ממי שהיו לו בנים רבים עולה ist die exegetische Tradition der Juden, die im Kommentar des Obadja Sforno zu Num 23_{10} folgendermaßen formuliert wird: ותהי אחריתי כמוהו. ובלבד שתהיה אחריתי וצאצאי מעי כמו ישראל. כי אמנם בניו של אדם ויוצאי חלציו נקראים אחריתו כמו תהי אחריתו להכרית (Ps 109_{13}) וכן ולא לאחריתו (Dan 11_4). Dieselbe Tradition findet sich in den Kommentaren des Ibn Esra zu Am 4_2 ואחריתכן. הבן שיעמוד אחרי כן שהוא בנו כמו ולא לאחריתו (Dan 11_4), zu Am 9_1 ואחריתם. בניהם כמו ולא לאחריתו (Dan 11_4) und zu Ps 109_{13} יהי. בנו כמו ולא לאחריתו (Dan 11_4), des David Kimchi zu Am 4_2 ואחריתכן כמו בניכן ובנותיכן. וכן ותחץ לארבע רוחות השמים ולא לאחריתו (Dan 11_4) כלומר לא תשאר המלכות לבנו ולא לאחריתו. und des Raschi zu Dan 11_4 ולא תבא הממשלה לבניו אלא לבני משפחתו אחריתו אינו נופל אלא על לשון בנים וכן הוא אומר (Am 4_2) ונשא אתכם בצנות ואחריתכם בסירות דוגה. ות״י ובניכון וכנתיכון בדוגית ציידין[30]). Daß H^B זדון durch H^A עולה ersetzt wird, scheint darin begründet zu sein, daß זדון (Dtn 17_{12} 18_{22} Jer 49_{16} Ez 7_{10} Ob $_3$) und עולה (II Sam 7_{10} Hos 10_{13} Hi $6_{29.30}$ I Chr 17_9) von den Targumim unterschiedslos mit רשעא wiedergegeben werden. Fünftens: H^B [טו]ב

מות עררירי ממי שיהיו לו בנים רבים בני עולה ist eine erweiterte Fassung von H^A ומות עררירי ממי שהיו לו בנים רבים [עו]לה, die unter dem Einfluß von 16_{3c} $H^{A(B)}$ כי טוב אחד עושה רצון (אל) מאלף und 16_{1b} II Sam 3_{34} 7_{10} I Chr 17_9 H(M) בני עולה entstanden ist. Sechstens: Von dieser erweiterten Fassung sind möglicherweise Gr^{421} Anton. p. 1052 κρεῖσσον ἀποθανεῖν Aeth καὶ κρεῖσσον ἀποθανεῖν und La *et utile mori* abhängig.

c) 32_{16b} H^B ותחבולות מנשף יוציא
וכחמות[31] רבות יוציאו מלבם
H^{Bmg} וחכמות
H^E ותחבולות מנשף יוציא
וחכמות יוציאו מלבם
Gr καὶ δικαιώματα ὡς φῶς ἐξάψουσιν
La *et iustitias quasi lucem accendent*
Syr וחכמתא סגיאתא מן לבהון נפקון

Nachdem er festgestellt hat, daß Syr in 32_{16b} «used a paraphrase — ܚܟܡܬܐ ܣܓܝܐܬܐ (good Syriac diction) — to render תחבולות» und daß er «made the not unusual slip of reading מנפש instead of מנשף», fährt A. A. Di Lella[32]) fort: «Hebrew 16c–d (= 16a–b) and Syriac 16a–b quite obviously are related to one another. ... Smend *et al.* would have the Syriac line depend upon the Hebrew, whereas we maintain that the reverse is true. Merely stating that 16c–d is a doublet or even a second recension of 16a–b is, of course, the simplest way of accounting for the extra distich. But the question remains: how or why did the presumed doublet or second recension come about? How, for example, can we reasonably explain the unusual (to indulge in understatement) expression חכמות רבות? The normal plural of חָכְמָה, which would be חֲכָמוֹת, does not occur in biblical Hebrew nor in the non-canonical writings from Qumrân published up to 1960. And if we read חכמות as חָכְמוֹת ... then we must decide whether this noun is singular or plural. If it is a real singular ... then we should expect a singular adjective to modify it, viz. רבה. If, however, it is a plural ... then it could be modified by a plural adjective. ... We checked every occurrence of חָכְמָה and חָכְמוֹת in biblical Hebrew and in the Qumrân literature: never is either word qualified by an adjective. Hence, to say the least, it is extremely improbable that חכמות רבות originated as an inner Hebrew doublet or represents a second recension of the original תחבולות. ... If, however, Hebrew 16c–d was retroverted from Syriac which in turn had been translated from Hebrew 16a–b, then we can very reasonably account for the abnormal phrase, וחכמות רבות; it is simply a slavish translation of the perfectly normal Syriac ܘܚܟܡܬܐ ܣܓܝܐܬܐ. The medieval Jewish retranslator read the Syriac words as plurals and the orthography allows such an interpretation, but the Syriac MSS and editions that we consulted do not have the two dots which indicate the plural over either of these two words. The scribe of MS E omitted רבות from the retroversion found in his exemplar, thus making the hemistich read at least like normal Hebrew.»

Bemerkungen. Erstens: Der ursprüngliche Text von 32_{16b} ist H^{BE} ותחבולות מנשף יוציא. Zweitens: Gr *καὶ δικαιώματα ὡς φῶς ἐξάφουσιν* hat sich bei der Übersetzung von H^{BE} ותחבולות מנשף יוציא allem Anschein nach von Hos 6_5 ומשפטיך אור יצא[33] und Ps 37_6 והוציא כאור צדקך beeinflussen lassen, vgl. Ex $21_{1.9.31}$ 24_3 Num 15_{16} usw. M משפט = Gr *δικαίωμα*. Drittens: Wie Hi 37_{12} M בתחבולתו von T mit בחכמתיה wiedergegeben wird, so wird H^{BE} ותחבולות von $H^{Bmg\ E}$ durch וחכמות ersetzt. Viertens: Prov 9_1 חכמות בנתה ביתה חצבה עמודיה שבעה wird von Levi ben Gerson folgendermaßen interpretiert: הנה התבונה בנתה ביתה בחכמות כי השגת החכמות קודמת להשגת הבינה ושם חצבה עמודיה שבעה ר״ל חכמות רבות כי מספר השבעה יאמר על הרבוי כאמרו כי שבע יפול צדיק וקם הנה החכמות שם עמודי הבינה (Prov 24_{16}). Auf dieselbe Weise deutet H^B das וחכמות von $H^{Bmg\ E}$ als וחכמות רבות. Fünftens: Syr וחכמתא סגיאתא מן לבהון נפקן ist wörtliche Übersetzung von H^B וחכמות רבות יוציאו מלבם. Wäre das Gegenteil der Fall, müßte man zur Erklärung des Nebeneinanders von H^{BE} מנשף und מלבם annehmen, daß Syr wenigstens einmal H נפש mit לבא wiedergibt. Davon kann jedoch nicht die Rede sein.

Die angeblichen Retroversionen aus dem Syrischen in Sir 16_{3b}, 16_{3d} und 32_{16b} sind demnach in Wirklichkeit genuin hebräische Glossen zum ursprünglichen Sirach-Text, in denen sich die exegetische Tradition der Juden niedergeschlagen hat. Während die Übersetzung des Enkels (GrI) noch durchweg den ursprünglichen Text überliefert[34]), setzt Syr schon überall den glossierten Text voraus. Zu diesem Sachverhalt würde es passen, wenn es sich als richtig erweisen sollte, daß die Sonderlesarten von Gr^{421} Anton. p. 1052, Aeth und La in b) auf dem Umweg über GrII auf den glossierten Text zurückgehen.

Sind aber im Gegensatz zu J. Ziegler und A. A. Di Lella die verschiedenen Fassungen des hebräischen Sirach-Textes nicht als Original und Rückübersetzung, sondern als primäre und sekundäre hebräische Textform zu betrachten, dann hat eine neuerliche Untersuchung zur Textgeschichte und Textkritik des hebräischen Sirach bei den Dubletten einzusetzen, die teils unmittelbar in den hebräischen Handschriften aus der Kairoer Geniza enthalten sind, teils mittelbar dadurch entstehen, daß diese Handschriften einander auf weite Strecken parallel laufen. Als Ausgangspunkt einer solchen Studie empfiehlt sich Handschrift A (Sir 3_6–16_{26}), die nicht nur selber stark dublettiert ist, sondern auch von Sir 10_{19} bis 11_{10} und von 15_1 bis 16_7 von der Handschrift B begleitet wird und die sich außerdem zwischen Sir 3_{14} und

7_{25} immer wieder mit der Florilegien-Handschrift C berührt. Die bei der Untersuchung dieser Dubletten gewonnenen Ergebnisse werden sodann an Hand der nicht dublettierten Partien der Handschrift A zu überprüfen sein.

Die Erforschung des Verhältnisses der verschiedenen hebräischen Textformen zu den alten Versionen ist durch das Erscheinen kritischer Editionen des griechischen[35]) und des altlateinischen Sirach-Textes[36]) in den letzten Jahren wenigstens für die Septuaginta und ihre Tochterübersetzungen auf eine sichere Grundlage gestellt worden. Für die syrische Sirach-Überlieferung ist man dagegen bis zur Veröffentlichung des Sirach-Bandes des Peshiṭta Institute of Leiden University nach wie vor auf eigene Kollationen der von P. A. de Lagarde und A.M. Ceriani besorgten Abdrucke der Codices B.M. Add. 12,142, f. 1–73[37]) bzw. Ambrosianus B. 21. Inf.[38]) sowie der Londoner Polyglotte[39]) und der Ausgabe von Mosul[40]) angewiesen. Letztere diente als Kollationsbasis, weil sie die syrische Kirchenbibel ist[41]). Für die arabische Sirach-Übersetzung ist bislang nur der Polyglotten-Text greifbar[42]).

I. Einleitung

1) I. Lévi, L'Ecclésiastique ou La Sagesse de Jésus, Fils de Sira, Texte original hébreu, Bibliothèque de l'école des hautes études, Sciences religieuses 10,1.2 (1898. 1901); ders., The Hebrew Text of the Book of Ecclesiasticus, Semitic Study Series 3 (1904 [Nachdruck 1951]).

2) N. Peters, Der jüngst wiederaufgefundene hebräische Text des Buches Ecclesiasticus, 1902; ders., Liber Iesu filii Sirach sive Ecclesiasticus hebraice, 1905; ders., Das Buch Jesus Sirach oder Ecclesiasticus (EH), 1913.

3) R. Smend, Die Weisheit des Jesus Sirach, 1906; ders., Die Weisheit des Jesus Sirach hebräisch und deutsch, 1906; ders., Griechisch-syrisch-hebräischer Index zur Weisheit des Jesus Sirach, 1907.

4) Eine rühmliche Ausnahme bildet M.H. (= M.Ṣ.) Segal, The Evolution of the Hebrew Text of Ben Sira, JQR 25 (1934/35), 91–149; ders., The Complete Ben Sira, 1953 (1958²) (hebr.); ders., Ben Sira, Encyclopaedia Biblica II, 162–169 (hebr.).

5) J. Schirmann, A New Leaf from the Hebrew «Ecclesiasticus» (Ben Sira), Tarbiṣ 27 (1957/58), 440–443 (hebr.); ders., Some Additional Leaves from Ecclesiasticus in Hebrew, Tarbiṣ 29 (1959/60), 125–134 (hebr.).

6) 2Q $18_{1.2}$ und 11Q Ps^a XXI 11–17; XXII 1.

7) Y. Yadin, The Ben Sira Scroll from Masada, 1965.

8) M.Ṣ. Segal, The Complete Ben Sira, 1958², שסה-שסה (hebr.); ders., Additional Leaves from Ecclesiasticus in Hebrew (J. Schirmann, Tarbiṣ XXIX, 125–134), Tarbiṣ 29 (1959/60), 313–323 (hebr.); ders., Ben Sira in Qumrān, Tarbiṣ 33 (1963/64), 243–246 (hebr.).

9) F. Vattioni, Nuovi fogli ebraici dell'Ecclesiastico, Rivista Biblica 8 (1960), 169–179.

10) E. Vogt, Novum folium hebr. Sir. 15_1–16_7 MS B, Bibl 40,2 (1959), 1060–1062; ders., Novi textus hebraici libri Sira, Bibl 41 (1960), 184–190.

11) D. S. Margoliouth, The Origin of the 'Original Hebrew' of Ecclesiasticus, 1899.

12) A. Fuchs, Textkritische Untersuchungen zum hebräischen Ekklesiastikus, B St 12,5 (1907).

13) C. H. Gordon, Review of Publications of the Alexander Kohut Memorial Foundation, Vol. VIII, JBL 56 (1937), 415; E. J. Goodspeed, The Story of the Apocrypha, 1939, 25; C. C. Torrey, The Apocryphal Literature, 1945, 97; ders., The Hebrew of the Geniza Sirach, in: Alexander Marx Jubilee Volume, 1950, 585–602; H. L. Ginsberg, The Original Hebrew of Ben Sira 12_{10-14}, JBL 74 (1955), 93–95; H. Duesberg-P. Auvray, Le Livre de l'Ecclésiastique (Jerusalem–B.), 1958², 19f.

14) J. Ziegler, Zwei Beiträge zu Sirach, BZ NF 8 (1964), 277–284; ders., Ursprüngliche Lesarten im griechischen Sirach, in: Mélanges Eugène Tisserant I = St T 231 (1964), 461–487.

15) A. A. Di Lella, The Hebrew Text of Sirach. A Text-Critical and Historical Study, Studies in Classical Literature 1 (1966).

16) Beiträge, 283.

17) Vgl. Nah 3_6 ושמתיך כראי = 4Q p Nah III 1f. ושמתיך כאורה = T ואשויניך מכערא לעיני כל חזך.

18) Lesarten, 473.

19) 18_{27a} Gr(La) ἄνθρωπος σοφὸς ἐν παντὶ εὐλαβηθήσεται Syr גברא חכימא להלין כלהין נאצף muß in diesem Zusammenhang außer Betracht bleiben, weil ἐν παντί (להלין כלהין) adverbielle Bestimmung zu εὐλαβηθήσεται (נאצף) und nicht zu σοφός (חכימא) ist.

20) Lesarten, 474.

21) Der gleiche Fehler 11_{30d} H^A באוכל Syr דלכל . . . עאל. Zur Verschreibung von ל zu ו vgl. F. Delitzsch, Die Lese- und Schreibfehler im Alten Testament, 1920, 115 § 119a.

22) Vgl. J. Ziegler, Die hexaplarische Bearbeitung des griechischen Sirach, BZ NF 4 (1960), 174–185; ders., Die Vokabel-Varianten der *O*-Rezension im griechischen Sirach, in: Hebrew and Semitic Studies Presented to G. R. Driver, 1963, 172–190; ders., Einleitung, 57–63.

23) Zum Problem der sogenannten zweiten griechischen Übersetzung vgl. zuletzt J. Ziegler, Die hexaplarische Bearbeitung, 174–185; ders., Hat Lukian den griechischen Sirach rezensiert?, Bibl 40 (1959), 210–229; ders., Die Münchener griechische Sirach-Handschrift 493, SAM 1962, 4; ders., Einleitung, 64–69. 73–75.

24) The Hebrew Text of Sirach, 136–138. Vgl. ders., The Recently Identified Leaves of Sirach in Hebrew, Bibl 45 (1964), 163.

25) Bei Untersuchungen zur Übersetzungstechnik des Syr macht sich das Fehlen einer Konkordanz zum hebräischen Sirach, für die R. Smend, Griechisch-syrisch-hebräischer Index zur Weisheit des Jesus Sirach, 1907 und E. Hatch — H. A. Redpath, A Concordance to the Septuagint, Supplement, 1906 (Nachdruck 1954), 163–196: II Concordance to Portions of Ecclesiasticus with Hebrew Equivalents keinen vollgültigen Ersatz darstellen, überaus störend bemerkbar.

26) Bei Zitaten aus rabbinischen Kommentaren werden Stellenangaben stillschweigend auf das übliche System umgestellt und gegebenenfalls ergänzt.

27) Soṭa 9_{15}.

28) The Hebrew Text of Sirach, 140f. Vgl. ders., The Recently Identified Leaves, 163.

29) Syr^MW חד̈תתא.

30) Diese Lesart des Targum Jonathan ist unter den Testimonia bei A. Sperber, The Bible in Aramaic, III 1962, 421 nicht mit aufgeführt.

31) Der gleiche Fehler 32_{18a} H^B כחמה H^{BmgE} חכמה.

32) The Hebrew Text of Sirach, 144–146.

33) Statt M ומשפטיך אור ist mit Gr καὶ τὸ κρίμα μου ὡς φῶς Syr ודיני איך נוהרא T ודיני כניהור vielmehr ומשפטי כאור zu lesen.

34) Das gilt auch für c), wo sich die Lesart der Septuaginta nur mit Hilfe von H^{BE} erklären läßt.

35) Septuaginta, Vetus Testamentum Graece Auctoritate Societatis Literarum Gottingensis editum, Vol. XII, 2, Sapientia Iesu Filii Sirach, ed. J. Ziegler, 1965.

36) Biblia Sacra iuxta Latinam Vulgatam versionem ad codicum fidem cura et studio Monachorum Abbatiae Pont. S. Hieronymi in Urbe O.S.B. edita, XII Liber Hiesu Filii Sirach, 1964.

37) P. A. de Lagarde, Libri Veteris Testamenti Apocryphi Syriace, 1861.

38) Translatio Syra Pescitto Veteris Testamenti ex Codice Ambrosiano sec. fere VI photolithographice edita curante et adnotante A. M. Ceriani, II 1876.

39) Biblia Sacra Polyglotta . . ., ed. B. Walton, IV 1657.

40) Biblia Sacra iuxta versionem simplicem quae dicitur Pschitta, II 1951[2].

41) «Textus receptus ab Ecclesia tam Chaldaica quam Syra Catholica».

42) Die arabische Sinai-Handschrift 155, deren Edition R. M. Frank, Washington, vorbereitet, enthält eine arabische Übersetzung der Septuaginta und nicht der Peschitta. Vgl. A. A. Di Lella, The Hebrew Text of Sirach, 50 Anm. 7.

II. Die Dubletten der Handschrift A

In Handschrift A (= H^{A}) werden folgende Stichen und Distichen doppelt überliefert: $4_{3a.19a}$ $5_{1a.2b.14}$ $8_{1.14}$ 9_{4} $11_{27b.28.29b.34}$ 12_{15} $14_{11a.14b.16b}$ 16_{18b}[1]). In diesen Dubletten werden in der Regel zwei verschiedene Formen des hebräischen Sirach-Textes unverbunden nebeneinander gestellt. Das Verhältnis der verschiedenen Textformen zueinander und zu den alten Versionen stellt sich wie folgt dar:

1. 4_{3a} (1) אל תחמיר מעי דך
(2) וקרב עני אל תכאיב
Gr καρδίαν παρωργισμένην μὴ προσταράξῃς
La *cor inopis ne adflixeris*
Syr מעוֹהי דאנשא מסכנא לא תכאב

(1) ist die ältere, (2) die jüngere Textform[2]), vgl. Thr 1_{20} מעי חמרמרו und 2_{11} חמרמרו מעי, Jes 16_{11} מעי ... וקרבי, Hi 20_{14} במעיו ... בקרבו und David Kimchi zu Jes 16_{11} מעי וקרבי, הוא כפל ענין במלות שונות, כי הקרב הוא המעים sowie Gen 25_{23} Num 5_{22} M מעים bzw. T מעיא (T מעיא = M קרב Gen 18_{12} 25_{22} 41_{21} [bis]) und Ps 10_{18} M ודך bzw. T ועניא (T עניא = M עני Ps $10_{2.9}$ [bis] 12_{6} 14_{6} 22_{25} usw.).

Gr(La) übersetzt die ältere Textform[3]), vgl. Thr 2_{11} M חמרמרו מעי = Gr ἐταράχθη[4]) ἡ καρδία μου, Thr 1_{20} M חמרמרו = Gr ἐταράχθη und Ps 40_{9} M מעי = Gr^{B} τῆς καρδίας μου. Gr παρωργισμένην ist als Angleichung an 4_{2b} καὶ μὴ παροργίσῃς ἄνδρα ἐν ἀπορίᾳ αὐτοῦ zu verstehen[5]). Chr. II 87 τεταπεινωμένην, vgl. Ps 74_{21} M דך = Gr τεταπεινωμένος, und Aeth(vid.) ArmII(vid.) Chr. I 990 κεκακωμένην, vgl. Hi 22_{9} M ידכא = Gr ἐκάκωσας, sind Korrekturen nach der älteren Textform, während La Arm I *inopis* eine Berichtigung nach der jüngeren zu sein scheint.

Syr zieht die ältere, vgl. Ps 9_{10} 74_{21} M דך = Syr מסכנא, und die jüngere Textform, vgl. Ez 13_{22} M הכאיב = Syr אכאב, in einen Stichus (= מעי דך אל תכאיב) zusammen, «weil er aus dem Vergleich von Hebr. und Gr. die Überzähligkeit eines Stichus erkannte» (Smend, ebenso Fuchs).

2. 4_{19a} (1) אם יסור ונטותיהו
(2) אם יסור מאחרי אשליכנו
Gr ἐὰν ἀπο(> Gr$^{443\ 753}$)πλανηθῇ, ἐγκαταλείψει αὐτόν
La *si autem oberraverit derelinquet eum*
Syr אן[6]) נהפוך מן בתרי ארמיוהי

ונטותיהו] l ונטשתיהו cf Gr(La) ἐγκαταλείψει αὐτόν (Bacher[7]), Smend, Peters[8]), Box-Oesterley[9]), Segal, Harṭōm[10])), vgl. 9_{10a} 47_{22a} Dtn 32_{15} Ps 27_9 H(M) נטש = Gr ἐγκαταλείπειν; Haplographie infolge Verwechslung von ט und ש[11]).

(1) ist die ältere, (2) die jüngere Textform, vgl. Num 11_{31} M ויטש bzw. T ורמא (T רמא = M השליך Gen 21_{15} $37_{20.22.24}$ usw.) und Raschi zu Am 5_2 נטשה על אדמתה. כל דבר המושלך ומוטל ונפוץ על השדה קורהו נטישה. מאחרי ist Zusatz gemäß I Sam 12_{20} II Sam $2_{21\cdot22}$ II Reg 10_{29} 18_6 Hi 34_{27} II Chr 25_{27} סור מאחרי פלוני (Segal).

Gr(La) überträgt die ältere Textform, vgl. Dtn 11_{28} M וסרתם = Gr καὶ πλανηθῆτε[12]), wobei er die dritte Person von H^A (Syr) wie überall in 4_{15-19} in die dritte umsetzt. Zum Nebeneinander von Gr ἐάν La *si autem* ist 29_{6a} Gr ἐάν Gr^L ἐὰν δέ La *si autem* zu vergleichen.

Syr gibt die jüngere Textform wieder. Dabei übersetzt er so, als hätte er statt יסור מאחרי das synonyme ישוב מאחרי gelesen[13]), vgl. Jos 22_{16} I Sam 15_{11} M שוב מאחרי פלוני = Syr הפך מן בתר פלן[14]). Syr^{AL} אן דין (= ἐὰν δέ) ist nach der griechischen Vorlage von La korrigiert.

3. 5_{1a} (1) אל תשען על חילך
(2) אל תשען על כוחך

Gr μὴ ἔπεχε ἐπὶ τοῖς χρήμασίν σου

La *noli adtendere ad possessiones iniquas*

Syr לא תתכל על נכסיך
לא תתכל על חילך

(1) ist die ältere, (2) die jüngere Textform, vgl. Sach 4_6 לא בחיל ולא בכח und Ps 33_{16} ברב־חיל ... ברב־כח sowie Ob $_{11.13}$ Sach 14_{14} Hi 5_5 20_{15} 21_7 M חיל bzw. T נכסא (T נכסא = M כח Hos 7_9 Hi 6_{22}) oder Gen 47_6 Ex $18_{21.25}$ Dtn 3_{18} M חיל bzw. T חילא (T חילא = M כח Gen 4_{12} 31_6 49_3 Ex 15_6 32_{11} usw.)[15]).

Gr(La) übersetzt die ältere Textform, vgl. $40_{13a.26a}$ H חיל = Gr χρήματα. Syr folgt ihm (Smend), vgl. 40_{13a} Gr χρήματα = Syr נכסא, und gibt außerdem die jüngere Textform wieder, vgl. 9_{14a} 31_{30b} 38_{5b} 44_{6a} Gen 4_{12} usw. H (M) כח = Syr חילא. Dafür läßt er 5_{2a} aus, weil er «Hebr. und Gr. mit einander ausgleichen wollte» (Smend). La *ad possessiones iniquas* ist Dublette zu 5_{8a} Gr ἐπὶ χρήμασιν ἀδίκοις La *in divitiis iniustis* (Herkenne[16])).

4. 5_{2b} (1) ללכת אחר תאות נפשך
(2) ללכת בחמודות רעה

Gr πορεύεσθαι ἐν ἐπιθυμίαις καρδίας σου

La *concupiscentiam cordis* (La^{pl} + *tui*)

Syr למאזל בצביני לבך

אחר תאות] l c Gr ἐν ἐπιθυμίαις בתאות; Dittographie: 5_{2a} אחרי לבך ועיניך.

(1) ist die ältere, (2) die jüngere Textform, vgl. Jes 26_8 M תאות־נפש bzw. T חמידת נפשנא oder Ps 78_{29} 112_{10} M תאוה bzw. T ריגוגא (T רגוגין = M חמודות II Chr 20_{15}). 14_{14b} findet sich das Variantenpaar תאוה // חמוד רע[17]).

Gr(La) übersetzt die ältere Textform[18]), Syr folgt ihm (Smend). In La ist $5_{2a\beta b\alpha}$ durch Versehen ausgefallen (Peters). Gr gibt בתאות pluralisch mit ἐν ἐπιθυμίαις wieder, vgl. Ps 10_3 Prov 13_{19} $21_{25.26}$ M תאוה = Gr ἐπιθυμίαι. Zum Nebeneinander von H^A נפשך Gr καρδίας σου ist 40_{6c} Dtn 12_{20} (M בכל אות נפשך = $Gr^{A\dagger}$ ἐν πάσῃ ἐπιθυμίᾳ τῆς καρδίας σου) Ps 94_{19} 131_2 H^B(M) נפש = Gr καρδία zu vergleichen. La *cordis* entspricht PsAth. IV 377 καρδίας. $Gr^{O-S(c)}$ *L'*(exc 248)–694 *b* 404' 421 534 542c 543 Bo Mal. ἐν ἐπιθυμίᾳ La *concupiscentiam* und Chr. VIII 369 τῆς ψυχῆς σου sind Korrekturen nach der älteren Textform.

5. 5_{14a} (1) אל תקרא בעל שתים
$_{14b}$ (2) ואל לשונך אל תרגל[19])
5_{14a} (3) אל תקרא בעל שתים
$_{14b}$ (4) ובלשונך אל תרגל רע

Gr μὴ κληθῇς ψίθυρος
καὶ τῇ γλώσσῃ σου μὴ ἐνέδρευε

La *non appelleris susurrio*
et lingua tua (La^{pc} + *ne*) *capiaris et confundaris*

Syr לא תתקרא מהלך בתרתין[20])
ובלשנך לא תתקל

ואל] = ועל[21]).

(1) und (2) ist die ältere, (3) und (4) die jüngere Textform, vgl. Ps $15_{3a\alpha}$ M לא־רגל) על־לשנו) bzw. Gr ἐν γλώσσῃ αὐτοῦ Syr בלשנה T בלישניה V *in lingua sua*. רע ist Zusatz gemäß Ps $15_{3a\beta}$ לא־עשה לרעהו רעה[22]), der nicht nur in Gr(La), sondern auch in Syr fehlt.

Die Vorlage der alten Versionen läßt sich nicht mit Sicherheit feststellen. Es ist jedoch wahrscheinlich, daß Gr(La) die ältere, Syr die jüngere Textform wiedergibt[23]). Gr ἐνέδρευε las vielleicht תרגן (Smend)[24]), vgl. 11_{31a} H^A יהפך נרגן = Gr μεταστρέφων ἐνεδρεύει. La *capiaris* geht möglicherweise auf θηρευθῇς zurück, vgl. 27_{19b} Gr θηρεύσεις = La *capies*. La *et confundaris* ist Glosse wie in 9_{2b} Gr ἐπιβῆναι αὐτὴν ἐπὶ τὴν ἰσχύν σου = La *ne ingrediatur in virtute tua et confundaris*. Zu Syr לא תתקל ist 19_{16b} Gr^{248} καὶ τίς ἔστιν ὃς οὐκ ὠλίσθησεν ἐν τῇ γλώσσῃ αὐτοῦ Syr ואית דמתתקל דלא בלשנה zu vergleichen.

6. 8_{1a} (1) אל תריב עם איש גדול
$_{1b}$ (2) למה תשוב על ידו
8_{1a} (3) אל תריב עם קשה ממך
$_{1b}$ (4) למה תפול בידו

Gr μὴ διαμάχου μετὰ ἀνθρώπου δυνάστου,
μήποτε ἐμπέσῃς εἰς τὰς χεῖρας αὐτοῦ

La *non litiges cum homine potente*
ne forte incidas in manus illius

Syr לא תענא עם גברא דקשא מנך
דלמא תפל באידוהי

(1) und (4) ist die ältere, (2) und (3) die jüngere Textform[25]), vgl. II Sam 19_{33} II Reg 5_1 איש גדול und 6_{2a} Jdc 15_{18} II Sam 21_{22} 24_{14} (bis) Thr 1_7 I Chr 5_{10} 20_8 21_{13} (bis) נפל ביד פלוני[26]).

Gr(La) übersetzt die ältere Textform, während Syr, «der die Duplizität bemerkte» (Smend), den ersten Stichus der jüngeren und den zweiten der älteren Textform wiedergibt.

7. 8_{14a} (1) אל תשב עם שופט עול
$_{14b}$ (2) כי כאשר כרצונו תשפט עמו[27])
8_{14a} (3) אל תשפט עם שופט
$_{14b}$ (4) כי כרצונו יש[פט]

Gr μὴ δικάζου μετὰ κριτοῦ·
κατὰ γὰρ τὴν δόξαν αὐτοῦ κρινοῦσιν αὐτῷ

La *non iudices contra iudicem*
quoniam secundum quod dignum est iudicat

Syr לא תתב עם דינא עולא בדינא
דלא איך צבינה תדון עמה

כאשר כרצונו] l c Syr כרצונו איך צבינה (Smend, Segal); Dublette.

(3) und (4) ist die ältere, (1) und (2) die jüngere Textform, vgl. Jes 43_{26} M נשפטה יחד bzw. T נידון כחדא, Raschi נבא למשפט und Ibn Esra נעמד למשפט; Jes 66_{16} M יהוה נשפט bzw. 1 Q Is[a] יבוא לשפוט und T עתיד יוי למדן; Jer 2_{35} M נשפט אותך bzw. Raschi בא עמך במשפט; Jer 25_{31} M נשפט bzw. David Kimchi כאילו נכנס במשפט עמהם; Joel 4_2 M ונשפטתי bzw. David Kimchi אכנס במשפט עמם; Prov 29_9 M נשפט את bzw. Ibn Esra את.כמו עם כלומר חכם שיצא למשפט עם איש אויל (T דין = M שפט Jes $1_{17.23}$ 2_4 5_3 11_3 usw.)[28]). עול ist Zusatz gemäß Ps 82_2 עד־מתי תשפטו עול[29]), der in Gr(La) fehlt.

Gr(La) übersetzt die ältere Textform. Zu Gr κατὰ ... τὴν δόξαν αὐτοῦ ist Dan $4_{14.22.29}$ 5_{21} M ולמן די יצבא/ה = θ′ καὶ ᾧ ἐὰν δόξῃ zu vergleichen (Herkenne)[30]). La *contra* entspricht $Gr^{248-315}$ Arm κατά. La *quod dignum est* geht auf ἀξίαν (Herkenne) zurück, vgl. 14_{11b} 26_{15b} Gr ἄξιος = La *dignus*. Gr κρινοῦσιν αὐτῷ ($Gr^{L'(exc\ 637)-694\ 311-548*\ 421\ 543\ 755}$ verss.[p] αὐτόν) las möglicherweise יִשְׁפֹּט. La *iudicat* ist Korrektur nach der älteren Textform.

Syr gibt die jüngere Textform wieder. Syr בדינא ist erklärende Glosse.

$8.\ 9_{4a}$ (1) עִם־זוֹנָה אַל־תִּסְתַּיֵּיד

$4b$ (2) פֶּן־תִּלָּכֵד בִּלְקוֹתֶיהָ

9_{4a} (3) עִם מְנַגִּינֹת אַל תִּדְמוֹךְ

$4b$ (4) פֶּן יִשְׂרְפֶךָ בְּפִיפִיּוֹתָם

Gr μετὰ ψαλλούσης μὴ ἐνδελέχιζε,
μήποτε ἁλῷς ἐν τοῖς ἐπιχειρήμασιν αὐτῆς

La *cum psaltrice ne adsiduus sis nec audias illam*
ne forte pereas in efficacia illius

Syr עם זמרתא לא תסתוד
דלמא[31]) תובדך בשוע̈יתה

בלקותיה] l בקלותיה (Hamp); Umstellung von Buchstaben.

(3a/1b) und (2) ist die ältere[32]), (1a/3b) und (4) die jüngere Textform, vgl. Jes 23_{16} זונה נשכחה היטיבי נגן, jüdisch-aramäisch דמך Gen 2_{21} 41_5 I Reg 19_5 Jes 5_{27} Ps 3_6 usw. und Gen 3_{17} 16_2 22_{18} 26_5 Ex 5_2 usw. M קול bzw. T מימרא (T מימרא = M פה Gen 41_{40} Ex 17_1 38_{21} Num $3_{16.39.51}$ usw.).

Gr(La) übersetzt die ältere Textform. La *nec audias illam* ist Dublette zu *ne adsiduus sis*. La *pereas* entspricht Gr ἁλῷς, vgl. 23_{7b} $27_{26b.29a}$ 31_{7b} Gr ἁλίσκεσθαι = La *perire*[33]).

Syr gibt den ersten Stichus der älteren und den zweiten der jüngeren Textform wieder. Statt Syr תובדך ist תוקדך zu lesen (Lévi[34]), Ginzberg[35]), Segal)[36]). Syr בשוע̈יתה übersetzt frei.

$9.\ 11_{27b}$ (1) ואחרית אדם תהיה עליו
(2) וסוף אדם יגיד עליו

Gr^{rel} καὶ ἐν συντελείᾳ ἀνθρώπου ἀποκάλυψις ἔργων αὐτοῦ

La *et in fine hominis denuntiatio operum illius*

Syr וחרתה דברנשא תהוא עלוהי

(2) ist die ältere, (1) die jüngere Textform, vgl. Joel 2_{20} Koh 3_{11} 7_2 12_{13} M סוף bzw. T סופא (T סופא = M אחרית Hos 3_5 Am 8_{10} Mi 4_1 Koh 7_8 10_{13}) und Gen 3_{11} 9_{22} 12_{18} 14_{13} 21_{26} usw. M הגיד bzw. T^{OJ} חוי (T חוי = M חוה Ps 19_3 Hi 15_{17} $32_{6.10.17}$ 36_2).

Gr(La) übersetzt die ältere Textform, vgl. Jos 2_{20} M תגידי = Gr ἀποκαλύψῃ[37]). Gr$^{O-V\ L-694}$ Arm καὶ συντέλεια La^{Z*} *et fine* ist Korrektur nach der älteren Textform.

Syr gibt die jüngere Textform mitsamt dem durch Verschreibung von ח zu ה[38]) und von ו zu י[39]) entstandenen Fehler תהיה für תחוה (Smend, Fuchs, Box-Oesterley, Segal)[40]) wieder.

10. 11_{28a} (1) בטרם תתקר אדם אל תאשרהו
$_{28b}$ (2) כי באחריתו יאושר אדם
11_{28a} (3) לפני מות אל תאשר גבר
$_{28b}$ (4) כי באחריתו ינכר איש

Gr πρὸ τελευτῆς μὴ μακάριζε μηδένα,
καὶ ἐν τέκνοις αὐτοῦ γνωσθήσεται ἀνήρ

La *ante mortem ne laudes hominem quemquam*
quoniam in filiis suis agnoscitur vir

Syr עדלא תבקא לאנש לא תשבחיוהי
מטל דבאחריתה[41]) הו משתבח ברנשא

(3) und (4) ist die ältere[42]), (1) und (2) die jüngere Textform, vgl. Ps 34_9 37_{23} 40_5 52_9 89_{49} usw. M גבר bzw. T גברא (T גברא = M אדם Ps $49_{13.21}$ 84_6) oder Ps 88_5 Hi 16_{21} 33_{29} M גבר bzw. T בר נשא (T בר נשא = M אדם Ps 60_{13} 84_{13} 104_{14} 108_{13} 115_4 usw.) und Gen 6_4 11_7 $17_{23.27}$ 19_4(bis)$_{.5.8}$ M איש bzw. T אנשא (T אנשא = M אדם Gen 1_{26} 2_5 6_2 usw.).

Gr(La) übersetzt die ältere Textform. Zur Wiedergabe von H^A כי mit Gr καί ist

38_{9b} H^B כי הוא Gr καὶ αὐτός und
40_{15b} H^B כי שורש חנף Gr καὶ ῥίζαι ἀκάθαρτοι zu vergleichen. La *hominem quemquam* ist Dublette aus ArmII GregNaz. I 937 (lib.) ἄνθρωπον und Gr μηδένα. ArmII GregNaz. I 937 (lib.) ἄνθρωπον La *hominem* und La *quoniam* sind Korrekturen nach der älteren Textform. Zum Nebeneinander von H^A באחריתו und Gr(La) ἐν τέκνοις αὐτοῦ siehe 16_{3d} 32_{22b} Jer 31_{17} Ps 109_{13} H(M) אחרית = Gr τὰ τέκνα.

Syr gibt die jüngere Textform wieder.

11. 11_{29b} (1) ומה רבו פ[צעי] רוכל
(2) מה ירבו פשעי בוצע[43])

Gr πολλὰ γὰρ τὰ ἔνεδρα τοῦ δολίου

La *multae enim insidiae sunt dolosi*

Syr כמאנוֹהי גיר דנכולתנא סגיאין אנון
מא סגיאין חובֿיהון דעולא[43])

(1) ist die ältere[44]), (2) die jüngere Textform, vgl. Gen 4_{23} M כי איש הרגתי לפצעי bzw. T לא גברא קטילית בדיליה אנא סבל חובין (T חובא = M פשע Gen 31_{36} 50_{17} [bis] Ex 22_8 23_{21} usw.).

Gr(La) übersetzt die ältere Textform, vgl. Ez 22_9 Prov 11_{13} 20_{19} M רכיל = σ' δόλιος[45]), Syr folgt ihm (Smend) und gibt außerdem die jüngere Textform wieder, vgl. 11_{30e} H^A בוצע = Syr עולא.

12. 11_{34a} (1) לא תדבק לרשע ויסלף דרכך
$_{34b}$ (2) ויהפכך מבריתיך

11_{34a} (3) משוכן זָרִיז זָהִיר דרכיך
$_{34b}$ (4) וינכרך במחמדיך[46]

Gr ἐνοίκισον ἀλλότριον, καὶ διαστρέψει σε ἐν ταραχαῖς
καὶ ἀπαλλοτριώσει σε τῶν ἰδίων σου

La *admitte ad te alienigenam et subvertet te in turbore*
et abalienabit te a tuis propriis

Syr לא תתדבק לעולא דלמא[47] נקלקל אורחך
ונהפכך[48] מן קימך

משוכן זריז זהיר] l c Gr(La) ἐνοίκισον ἀλλότριον ... καὶ ἀπαλλοτριώσει σε השכן זר והזיר (Hamp)[49], vgl. 8_{18a} 40_{29a} 45_{18a} H זר = Gr ἀλλότριος und Ps 69_9 M מוזר = Gr ἀπηλλοτριωμένος; Verschreibung von ה zu מ[50]), Dittographie unter Verwechslung von ו und י[51]) und Umstellung von Buchstaben.

במחמדיך] l c Gr τῶν ἰδίων σου מביתך (Smend), vgl. Est 5_{10} 6_{12} M בית = Gr τὰ ἴδια[52]); במחמדיך ist aus 11_{31b} eingedrungen.

(3) und (4) ist die ältere, (1) und (2) die jüngere Textform, vgl. Ez 7_{21} M ביד הזרים bzw. T ביד רשיעין und 30_{12} M ביד זרים bzw. T^{fc} ביד רשיעין (T רשיעא = M רשע Ez 3_{18}[ter]$_{.19}$ 13_{22} $18_{21.23.24.27}$ usw.). ויסלף דרכך lehnt sich an Prov 19_3 אולת אדם תסלף דרכו an.

Gr(La) übersetzt die ältere Textform und vertauscht dabei, «um den Gleichklang zu vermeiden» (Smend), die Verben der beiden Stichen, vgl. 4_{17a} H^A בהתנכר = Gr διεστραμμένως. Gr ἐν ταραχαῖς «geht vielleicht auf Spielerei mit דרכיך zurück» (Peters)[53]). $Gr^{S\ O-V\ L-315'-694\ a\ 46\ 613c\ 797}$ verss.^{p} Dam. p. 284 ἐν ταραχῇ La *in turbore* und $Gr^{248-315'-743\ 534'}$ Aeth ἐκ τῶν ἰδίων σου La *a tuis propriis* sind Korrekturen nach der älteren Textform.

Syr gibt die jüngere Textform mitsamt dem durch Dittographie infolge Verwechslung von ר und י[54]) entstandenen Fehler מבריתיך statt מביתיך (Smend, Peters, Segal) wieder. Zum Nebeneinander von H^A ויסלף und Syr דלמא נקלקל ist Ex 23_8 Dtn 16_{19} Hi 12_{19} M סלף = T קלקל zu vergleichen.

13\. 12_{15a} (1) כאשר[55] יבוא עמך לא יתגלה לך
$_{15b}$ (2) ואם תפול לא יפול להצילך
12_{15a} (3) עד עת[55] עמד לא יופיע
$_{15b}$ (4) ואם נמוט לא יתכלכל

Gr ὥραν μετὰ σοῦ διαμενεῖ,
καὶ ἐὰν ἐκκλίνῃς, οὐ μὴ καρτερήσῃ

La *una hora tecum permanebit*
si autem declinaveris non subportabit

Syr כמא דעאל עמך לא מתגלא לך
ואן תפל לא מצא אנת חילה

יפול] l יוכל cf Syr מצא אנת (Smend, Box-Oesterley); Verschreibung von כ zu פ[56]) und Umstellung von Buchstaben.

עמד] l c Gr(La) μετὰ σοῦ διαμενεῖ עמד עמך (Smend, Fuchs, Peters, Box-Oesterley, Hamp); Ausfall durch Homoiarkton[57].

נמוט] l c Gr(La) ἐκκλίνῃς תמוט (Smend, Fuchs, Peters, Box-Oesterley, Segal, Hamp, Hartōm); Verschreibung von ת zu נ[58].

(3) und (4) ist die ältere, (1) und (2) die jüngere Textform, vgl. Dtn 33_2 M הופיע bzw. T אתגלי; Ps 50_2 M הופיע bzw. T יתגלי (T אתגלי = M התגלה Gen 9_{21}) und I Reg 8_{27} M לא יכלכלוך bzw. T לא יכלון לסוברא יקרך; II Chr 2_5 M לא יכלכלהו bzw. T לית איפשר די יסוברון יתיה; II Chr 6_{18} M לא יכלכלוך bzw. T לית איפשר להון די יסוברון יקר שכנתך.

Gr(La) übersetzt die ältere Textform, vgl. 44_{13a} 46_{9b} Ps 19_9 102_{26} $119_{90.91}$ H(M) עמד = Gr διαμένειν, läßt dabei aber לא יופיע unberücksichtigt.

Syr gibt (1) und (2a) wieder. Ob Syr לא מצא אנת חילה (= לא תוכל לו) auf לא יוכל להצילך (2b) oder auf לא יתכלכל (4b) zurückgeht, läßt sich nicht mit Sicherheit ausmachen[59].

14. 14_{11a} (1) בני אם יש לך שָׁרֵ֫ות נפשך
(2) ואם יש לך היטיב לך

Gr τέκνον, καθὼς ἐὰν ἔχῃς, εὖ ποίει σεαυτόν

La *fili si habes benefac tecum*

Syr אן אית לך ברי שמש נפשך
ואן אית לך אטאב לך

שרות] l c Syr שרית שמש, Verschreibung von י zu ו[60].

(1a) und (2b) ist die ältere[61], vgl. Ps 49_{19} כי תיטיב לך, (2a) und (1b) die jüngere Textform.

Gr(La) übersetzt die ältere Textform, während Syr (1) und (2) wiedergibt, dafür aber den folgenden Stichus ausläßt (Smend).

15. 14_{14b} (1) ובהלקח אח אל תעבר
(2) וחמוד רע אל תחמוד

Gr καὶ μερὶς ἐπιθυμίας ἀγαθῆς μή σε παρελθάτω

La *et particula boni doni non te praetereat*

Syr ורגתא סניתא לא תרג

ובהלקח אח] l c Gr(La) καὶ μερὶς ἐπιθυμίας ἀγαθῆς ובחלק תאוה[62]; Verschreibung von ח zu ה[63], von ת zu ח[64] und von ה zu ח[65].

(1) ist die ältere, (2) die jüngere Textform[66], vgl. Jes 26_8 M תאות נפש bzw. T חמידת נפשנא oder Ps 78_{29} 112_{10} M תאוה bzw. T ריגוגא (T רגוגין = M חמודות II Chr 20_{25}). 5_{2b} findet sich das Variantenpaar חמודות רעה // תאוה[67].

Gr(La) übersetzt die ältere Textform, wobei er die Konstruktion willkürlich ändert (Smend), vgl. Hi 14_{16} M לא תשמור על־חטאתי Gr οὐ μὴ παρέλθῃ σε οὐδὲν τῶν ἁμαρτιῶν μου. Gr(La) ἀγαθῆς ist Zusatz

(Peters) wie *κακάς* in Prov 21_{26} M התאוה תאוה Gr ἐπιθυμεῖ ... ἐπιθυμίας κακάς.

Syr gibt die jüngere Textform wieder.

16. 14_{16b} (1) כי לא בשאול תענוג
(2) כי אין בשאול לבקש תענוג

Gr ὅτι οὐκ ἔστιν ἐν ᾅδου ζητῆσαι τρυφήν

La *quoniam non est apud inferos invenire cibum*

Syr om.

(2) ist die ältere, (1) die jüngere Textform[68]).

Gr(La) übersetzt die ältere Textform. La *cibum* entspricht Gr[248 706] τροφήν [69]). Gr[c–679] Arm ὅτι οὐκ ἔστιν ἐν ᾅδου τρυφή (Gr[296–548–679[–706]] τροφή[ν]) ist Korrektur nach der jüngeren Textform.

Syr läßt 14_{16b} aus und gibt stattdessen den Zusatz 14_{16d} wieder, der in Gr(La) fehlt.

17. 16_{18b} (1) ברדתו עליהם
(2) עֹמְודִים בפקדו וכרגשו

Gr[B] Aeth σαλευθήσονται ἐν τῇ ἐπισκοπῇ αὐτοῦ[70])

La *in conspectu illius commovebuntur*

Syr בגלינה דעליהון קימין

עֹמְודִים] 1 c Gr(La) σαλευθήσονται מועדים (Knabenbauer, Peters, Harṭōm)[71]), vgl. II Sam 22_{37} Ps 26_1 M מעד = Gr σαλεύειν; Umstellung von Buchstaben[72]).

(2) (מועדים בפקדו) ist die ältere, (1) (ברדתו עליהם עומדים) die jüngere Textform. וכרגשו ist ein Zusatz, der nicht nur in Gr(La), sondern auch in Syr fehlt.

Gr(La) übersetzt die ältere Textform. La *in conspectu illius commovebuntur* entspricht Gr[rel] ἐν τῇ ἐπισκοπῇ αὐτοῦ σαλευθήσονται.

Syr gibt die jüngere Textform mitsamt dem Fehler עֹמְודִים statt מועדים wieder. Zum Nebeneinander von H[A] ברדתו und Syr בגלינה ist Gen $11_{5.7}$ 18_{21} Ex 3_8 $19_{11.18.20}$ 34_5 Num $11_{17.25}$ 12_5 usw. M ירד = T אתגלי zu vergleichen.

Zusammenfassung

Zusammenfassend läßt sich feststellen, daß von den Dubletten der Handschrift A die ältere Textform zu der jüngeren in demselben Verhältnis steht wie der masoretische Text des Alten Testaments zu den jüdisch-aramäischen Übersetzungen[73]) (Targum Onkelos, Targum Jonathan, Targum Jeruschalmi I und Hagiographentargum) und zu den klassischen jüdischen Kommentaren des Mittelalters[74]) (Raschi, Ibn Esra und David Kimchi). Das aber bedeutet, daß die jüngere

Textform der Dubletten der Handschrift A nicht die Folge der mancherlei Mißgeschicke ist, die allen antiken Schriften im Laufe ihrer Geschichte widerfahren[75]), obwohl auch Handschrift A davon nicht verschont geblieben ist[76]), sondern daß es sich bei ihr um das Ergebnis einer unbewußt — bewußten Umgestaltung handelt.

Unbewußt insofern, als eine Umgestaltung, wie sie hier vorliegt, nur denkbar ist in einem Kreise Zweisprachiger (Hebräisch und Jüdisch-Aramäisch), denen es erfahrungsgemäß nicht immer gelingt, die jeweils verwendete Sprachstruktur (Hebräisch oder Jüdisch-Aramäisch) intakt zu erhalten. Dieses Unvermögen führt zu sprachlicher Interferenz, die sich in semantischen Gleichsetzungen äußert.

Das Problem der Interferenz bei Zweisprachigkeit ist in größerem Zusammenhang von U. Weinreich[77]) untersucht worden. Er kommt dabei zu folgendem Ergebnis: «Often two existing semantemes, X and Y, of one language are merged on the model of another language, where the combined content of X and Y is represented by a single sign, Z. In the process, the expression of either X or Y is utilized for the merged pair and the other is discarded.»[78])

Danach lassen sich bei der Umgestaltung der älteren Textform der Dubletten der Handschrift A in die jüngere vier Arten sprachlicher Interferenz unterscheiden:

1. die «Lehnübersetzung» (calque). Hebräisch דך Ps 10_{18} und עני Ps $10_{2.9}$(bis) 12_6 14_6 22_{25} usw. werden vom Psalmentargum mit עניא wiedergegeben. Dementsprechend wird das דך der älteren Textform in der jüngeren durch עני ersetzt[79]).

X Y דך עני
Z = Y' עניא

2. die «umgekehrte Lehnübersetzung» (inverted calque)[80]). Hebräisch מעים Gen 25_{23} Num 5_{22} und קרב Gen 18_{12} 25_{22} 41_{21}(bis) werden vom Targum Onkelos mit מעיא wiedergegeben. Dementsprechend wird das מעים der älteren Textform in der jüngeren durch קרב ersetzt[81]).

X Y מעים קרב
Z = X' מעיא

3. die «gekoppelte Lehnübersetzung». Hebräisch נטש Num 11_{31} und השליך Gen 21_{15} $37_{20.22.24}$ Ex 4_3(bis) usw. werden vom Targum Onkelos mit רמא wiedergegeben. Dementsprechend wird das נטש der älteren Textform in der jüngeren durch השליך ersetzt[82]).

X Y נטש השליך
Z רמא

4. die «einfache Entlehnung». Das הסתייד der älteren Textform wird in der jüngeren durch jüdisch-aramäisch דמך, vgl. die Targumim zu Gen 2_{21} 41_5 I Reg 19_5 Jes 5_{27} Ps 3_6 usw., ersetzt[83]), ohne daß sich

der Weg aufzeigen ließe, auf dem es zu dieser Gleichsetzung gekommen ist[84]).

In vier Fällen[85]) ist nicht mit Sicherheit zu entscheiden, welche Art sprachlicher Interferenz dazu geführt hat, daß die ältere in die jüngere Textform verwandelt wurde.

Von bewußter Umgestaltung kann man deshalb sprechen, weil sich in der jüngeren Textform die seit Abfassung der älteren veränderten sprachlichen und wohl auch ästhetischen Tendenzen auswirken. Das zeigt sich besonders deutlich an 7., wo das אל תשפט עם שופט כי כרצונו ישפט «Rechte nicht mit einem Richter; denn nach seinem Belieben richtet er» der älteren Textform in der jüngeren durch אל תשב עם שופט עול כי כרצונו תשפט עמו «Sitze nicht mit einem frevelhaften Richter (im Gericht); denn nach seinem Belieben richtest du mit ihm» ersetzt wird. Hatte bereits R. Smend vermutet, daß «die Variante ... daraus entstanden (sei), daß man תשפט als Kal verstand», so ist die Tatsache, daß es sich bei der vorliegenden Änderung um eine Frage des Verstehens und nicht um ein Mißverständnis handelt, evident geworden mit der Entdeckung der ersten Jesaja-Rolle von Qumrān. Dort nämlich hat Jes 66_{16a} M כי באש יהוה נשפט «Denn im Feuer rechtet Jahwe» folgenden Wortlaut: כי באש יהוה יבוא לשפוט «Denn im Feuer kommt Jahwe, um zu richten». Wie in der jüngeren Textform des hebräischen Sirach תשב an die Stelle von תשפט getreten ist, so hat in der ersten Jesaja-Rolle von Qumrān יבוא לשפוט den Platz von נשפט eingenommen. Der Grund dafür wird darin zu suchen sein, daß das ni. von שפט ungebräuchlich geworden war, eine Annahme, welche durch die etwas weitschweifigen Ausführungen Ibn Esras in seinem Kommentar zu Jes 66_{16a} bestätigt wird: כי. דרך משל שיבוא במשפט עמם או הוא כמו פועל כדרך נשבע.

Ist die Beobachtung richtig, daß es sich bei der jüngeren Textform der Dubletten der Handschrift A um das Ergebnis einer in diesem Sinne unbewußt — bewußten Umgestaltung handelt, dann ist die Feststellung von H. Bauer und P. Leander, daß «das um 200 v.Chr. verfaßte Sirachbuch in einem fast ganz reinen Hebräisch geschrieben (ist)»[86]), dahin gehend einzuschränken, daß zwar die ältere Textform noch in (spätem) biblischem Hebräisch, die jüngere aber bereits in mischnischem Hebräisch[87]) abgefaßt ist.

Diesem Sachverhalt entspricht es, daß Gr(La) stets die ältere Textform wiedergibt, die jüngere also anscheinend noch nicht kennt, während Syr überall schon die jüngere Textform voraussetzt. In 2., 5., 7., 9., 10., 12., 13., 15. und 17. überträgt Syr die jüngere, in 3., 11. und 14. die ältere[88]) und die jüngere Textform, läßt dafür aber mit Rücksicht auf Gr(La) in 3. und 14. den jeweils folgenden Stichus aus. In 1., 6. und 8. schließlich kombiniert er beide Textformen, um H und Gr miteinander auszugleichen[89]). Nur 4., wo auch Syr nur die ältere

Textform bezeugt, scheint dem zu widersprechen. Hier aber ist zweifellos nicht H, sondern Gr die Vorlage von Syr.

Die Sonderlesarten von La ArmI, Chr. II 87 und Aeth (vid.) ArmII(vid.) Chr. I 990 in 1., von Gr$^{O-S(c)\ L'\ (exc\ 248)-694\ b\ 404'\ 421\ 534\ 542c\ 543}$ La Bo Mal. und Chr. VIII 369 in 4., von La in 7., von Gr$^{O-V\ L-694}$ La^{Z*} Arm in 9., von La ArmII GregNaz. I 937 (lib.) und La in 10., von Gr$^{S\ O-V\ L-315'-694\ a\ 46\ 613c\ 797}$ La verss.^{p} Dam. p. 284 und Gr$^{248-315'-743\ 534'}$ La Aeth in 12. sowie von Gr^{c-679} Arm in 16., die sich mit zwei Ausnahmen[90]) deutlich als Korrekturen von Gr nach der älteren Textform zu erkennen geben, stammen sämtlich aus GrII, dessen wichtigste Zeugen neben der origeneischen und lukianischen Rezension La und die «codices latinizantes»[91]) Gr$^{46\ 155\ 157\ 307\ 404\ 421\ 429\ 534\ 543\ 603\ 613\ 679\ 753\ 755\ 768}$ sowie Arm[92]) sind.

Dabei verdient die Korrektur in 16. besondere Beachtung; denn sie gestattet einen guten Einblick in die Umgestaltung des hebräischen Sirach-Textes:

Gr(La) ὅτι οὐκ ἔστιν ἐν ᾅδου ζητῆσαι τρυφήν = H^{A} (2) כי אין בשאול לבקש תענוג
Gr^{c-679} Arm ὅτι οὐκ ἔστιν ἐν ᾅδου τρυφή = H^{A} (1) כי לא בשאול תענוג

Zieht man aus diesen Beobachtungen zur Textgeschichte Folgerungen für die Textkritik der Dubletten der Handschrift A, so ergibt sich, daß für Emendationen der älteren Textform nur Gr und GrII[93]), für solche der jüngeren nur Syr[94]) (und gegebenenfalls auch GrII) herangezogen werden dürfen. Den besten Beweis für diese These liefern 9., 12. und 17., wo Syr sogar die Schreibfehler der jüngeren Textform bezeugt.

II. Die Dubletten der Handschrift A.

1) Vgl. J. Knabenbauer, Commentarius in Ecclesiasticum (CSS), 1902, 9–11; R. Smend, Die Weisheit des Jesus Sirach, 1906, LVII Anm. 3; A. Fuchs, Textkritische Untersuchungen zum hebräischen Ekklesiastikus, BSt 12,5 (1907), 8–44. — In obige Aufstellung sind die Dubletten in den Partien von H^{A}, in denen diese Handschrift H^{C} oder H^{B} parallel läuft, nicht mit aufgenommen worden.

2) Gegen M.Ṣ. Segal, The Complete Ben Sira, 1958² (hebr.), z. St.: (4$_{3a}$ [1] =) טור זה חסר בי ובס, ויש להשמיטו. הוא ג״א לטור הבא, או הרחבה מן הפסוק הקודם על ידי שיבוש של ממדכדך - מעי דך.

3) Gegen Smend, Fuchs, Segal.

4) Gr hat eine besondere Vorliebe für verba composita mit πρός. Vgl. die bei R. Smend, Griechisch-syrisch-hebräischer Index zur Weisheit des Jesus Sirach, 1907, 201–203 mit § gekennzeichneten Hapaxlegomena προσανατρέπειν, προσανοικοδομεῖν, προσαπωθεῖν, προσεμβριμᾶσθαι und προσεπιτιμᾶν. Siehe ferner J. Ziegler, Zum Wortschatz des griechischen Sirach, in: Von Ugarit nach Qumran, BZAW 77 (1958), 282f. 285.

5) Vgl. I. Lévi, L'Ecclésiastique ou La Sagesse de Jésus, Fils de Sira, Texte original hébreu, Bibliothèque de l'école des hautes études, Sciences religieuses 10,1.2 (1898. 1901), z. St.: «παρωργισμένην peut être une dittographie de παροργίσῃς de la ligne précédente.»

6) Syr^{AL} אן דין (= ἐὰν δέ).

7) W. Bacher, Notes on the Cambridge Fragments of Ecclesiasticus, JQR 12 (1899/1900), 275.

8) N. Peters, Das Buch Jesus Sirach oder Ecclesiasticus (EH), 1913, z. St..

9) G. H. Box — W. O. E. Oesterley, The Book of Sirach, in: R. H. Charles, The Apocrypha and Pseudepigrapha of the Old Testament in English, I 1913, z. St..

10) א.ש. הרטום, הספרים החיצונים, כרך ד׳:בן סירא, 1963, z. St.

11) Vgl. F. Delitzsch, Die Lese- und Schreibfehler im Alten Testament, 1920, 119 § 131.

12) Gegen Segal: יתעה.

13) Ruth 1_{16} stehen M לשוב מאחריך und Var^{J} לסור מאחריך nebeneinander.

14) Gegen Segal: יסוב, שיבוש מן יסור.

15) 41_{1d} findet sich das Variantenpaar H^{B} חיל // H^{M} כח.

16) H. Herkenne, De Veteris Latinae Ecclesiastici Capitibus I–XLIII, 1899, z. St..

17) S. unten 15.

18) Gegen Fuchs und V. Hamp, Sirach (Echter), 1954, z. St.: «G Syr 'nach den Lüsten deines Herzens' ist kaum ursprünglich».

19) Hinter 4_{28b}.

20) Syr^{A} בתרתיהין.

21) Vgl. C. Brockelmann, Hebräische Syntax, 1956, 104 § 108c.

22) Gegen Hamp: «Wohl erst aus 12 eingedrungen».

23) Gegen Smend: «Gr. und Syr. drücken ובלשונך aus» und Fuchs: «Nur im zweiten Stichus weicht V. 5,14 insofern ab, als er das sicher vorzuziehende בלשונך erhalten hat».

24) Gegen Segal, Harṭōm: תלכד.

25) Gegen Segal: ברור שהוא שיבוש מן "תפול" בפס' הבא.

26) Bezüglich על ידו vgl. David Kimchi zu Ez 27_{15}: סחורת ידך איים רבים מפאת בני דדן היו סוחרים על ידך.

27) Hinter 4_{27b}.

28) Vgl. Smend: «Die Variante ist daraus entstanden, daß man תשפט als Kal verstand.»

29) Vgl. Lev $19_{15.35}$ לא־תעשו עול במשפט.

30) Ähnlich G. Kittel, Art. δόξα, ThW II, 246 Z. 21–24. Gegen Smend: «Vielleicht ist ... τὴν δόξαν aus τὴν εὐδοκίαν entstellt.»

31) Syr^{A} דלא.

32) Vgl. bJeb 63b; bSanh 100b; Alfabetum Siracidis II ה (J. D. Eisenstein, Ozar Midrashim, I 1928, 44) פן תלכד במצודתה.

33) Gegen Peters: ὀλῷς.

34) I. Lévi, Notes sur les Ch. VII. 29–XII.1 de Ben Sira édités par M. Elkan N. Adler, JQR 13 (1900/1901), 7.

35) L. Ginzberg, Randglossen zum hebräischen Ben Sira, in: Orientalische Studien, 1906, 618.

36) Der gleiche Fehler 46_{6b} Syr ואובד Arab *wa-aḥraqahum* (et combussit eos).

37) Gegen Segal: יגלה, אולי שיבוש, או גרס: יחוה.

38) Vgl. F. Delitzsch, a.a.O. 109 § 106a.

39) Vgl. F. Delitzsch, a.a.O. 104 § 103b.

40) Der gleiche Fehler 27$_{6a}$ H^{A} יהי Gr(La) ἐκφαίνει.

41) Syr^{AL} דבחרתה.

42) Vgl. Saadja, ספר הגלוי, 179: איש לפני מות אל תאשר גבר כי באחריתו (Prov 20$_{11}$ =) יתנכר.

43) Hinter 11$_{30'b}$

44) Vgl. bJeb 63b; bSanh 100b רבים היו פצעי רוכל.

45) Vgl. J. Ziegler, Wortschatz, 284. Gegen Peters: נועל und Segal: ואולי היתה הגרסה המקורית:נכלי נוכל, ומפני שפירשו ״נוכל״ כמו כילי וחומד בצע (מלא׳ א יד) יצאה גרסה:בצעי בוצע, ו״בצעי״ נשתבש ל״פשעי״ (פל״ט) ול״פצעי״ בגמרא, ו״נוכל״ נשתבש ל״רוכל״.

46) Hinter 12$_{1b}$.

47) Syr^{AL} דלא.

48) Syr^{A} ונהפך; Haplographie.

49) Ähnlich Smend, Box-Oesterley: השכן זר ויזיר.

50) Vgl. F. Delitzsch, a.a.O. 118 § 129a.

51) Vgl. F. Delitzsch, a.a.O. 104 § 103b.

52) Gegen Segal, Harṭōm: בני ביתך.

53) Eine ähnliche Spielerei findet sich 10$_{28b}$ H^{AB} טעם Gr τιμήν (Smend, Peters). Siehe ferner J. Wellhausen, Der Text der Bücher Samuelis, 1872, 10f. und P. Katz, Art. Septuaginta-Forschung, RGG^{3} V, 1706.

54) Vgl. F. Delitzsch, a.a.O. 111 § 109ab.

55) Zum Nebeneinander von עד עת und כאשר vgl. G. R. Driver, Psalm CX: Its Form, Meaning and Purpose, in: Studies in the Bible Presented to M. H. Segal, Publications of the Israel Society for Biblical Research 17 (1964), 21*.

56) Vgl. F. Delitzsch, a.a.O. 117 § 125b.

57) Vgl. Dtn 29$_{14}$ M כי את־אשר ישנו פה עמנו עמד היום Gr ἀλλὰ καὶ τοῖς ὧδε οὖσιν μεθ' ἡμῶν σήμερον (= כי את־אשר ישנו פה עמנו היום).

58) Der gleiche Fehler 6$_{28b}$ H^{A} ונהפך H^{C} ותהפך.

59) Vgl. Smend: «Wahrscheinlich las Syr. auch diesen Vers schon in doppelter Gestalt, wie Hebr. ihn bietet, und zog in Rücksicht auf Gr. die vier Stichen in zwei zusammen.»

60) Vgl. F. Delitzsch, a.a.O. 103 § 103.

61) Vgl. bEr 54a בני אם יש לך היטיב לך.

62) Ähnlich Fuchs, Peters, Box-Oesterley, Hamp. Gegen Smend: ובחלק נאה und Segal: ובחלק חמד.

63) Vgl. F. Delitzsch, a.a.O. 109 § 106a.

64) Vgl. F. Delitzsch, a.a.O. 110 § 106e.

65) Vgl. F. Delitzsch, a.a.O. 109 § 106b.

66) Gegen Segal: והוא אינו אלא כפל משובש של טור ב: חמד - חמוד אח = רע, תעבור - תחמוד.

67) S. oben 4.

68) Vgl. bEr 54a שאין בשאול תענוג.

69) Zum Nebeneinander von τρυφή und τροφή vgl. 11$_{27a}$ Gr τρυφῆς Gr$^{155\ 548\ 753\ 797}$ τροφῆς; 18$_{32a}$ Gr τρυφῇ Gr^{493} τροφῇ; 37$_{20b}$ Gr* Sa τρνφῆς Gr^{rel} τροφῆς; 37$_{29a}$ Gr τρυφῇ Gr$^{46\ 755}$ Aeth τροφῇ und 41$_{1d}$ Gr* τρυφήν Gr$^{codd.\ et\ verss.}$ τροφήν.

70) Gegen Rahlfs und Ziegler ist die Lesart von Gr^{rel} ἐν τῇ ἐπισκοπῇ αὐτοῦ σαλευθήσονται in den Apparat zu verweisen.

71) Gegen Smend, Fuchs, Segal: ירגשו und Harṭōm: ירגזו.

72) Der gleiche Fehler Ez 29_7 M והעמדת Gr καὶ συνέκλασας Syr וארעלת V *et dissolvisti*. Vgl. Raschi ויש מחליפין והעמדת להם לוהמעדת und David Kimchi יש מפרשין והעמדת בהפוך האותיות והמעדת מן ולא מעדו קרסולי (II Sam 22_{37} = Ps 18_{37}).

73) S. oben 1., 2., 3., 4., 5., 7., 8., 9., 10., 11., 12., 13. und 15.

74) S. oben 1., 2. und 7.

75) Gegen Segal, s. oben Anm. 2, 25, 45 und 66.

76) S. oben 2., 4., 7., 8., 12., 13., 14., 15. und 17.

77) Languages in Contact, Findings and Problems, 1963. Vgl. A. Martinet, Grundzüge der Allgemeinen Sprachwissenschaft, Urban Bücher 69, 1963, 156–159.

78) U. Weinreich, a.a.O. 48

79) S. oben 1. Vgl. ferner 5., 9., 12. und 13.

80) Einen Fall von «umgekehrter Lehnübersetzung» im biblischen und mischnischen Hebräisch untersucht E. J. Kutscher, Aramaic Calque in Hebrew, Tarbiṣ 33 (1963/64), 124f. (hebr.).

81) S. oben 1. Vgl. ferner 9.

82) S. oben 2. Vgl. ferner 7., 8., 10. und 11.

83) S. oben 8.

84) Die an sich mögliche Annahme, הסתייד habe im Hebräischen bzw. Jüdisch-Aramäischen ähnliche Bedeutungen gehabt wie arabisch *aswada* oder *asāda* «To beget a black boy; or a boy who is chief», *tasawwada* «To marry» und *istāda* «To ask from (a tribe) a woman in marriage» (Hava), läßt sich nicht beweisen.

85) S. oben 3., 4., 10. und 15.

86) Historische Grammatik der hebräischen Sprache des Alten Testaments, I 1922 (Nachdruck 1965), 28 § 2t.

87) Unter «mischnischem Hebräisch» verstehe ich im Anschluß an M. H. Segal, A Grammar of Mishnaic Hebrew, 1927 (Nachdruck 1958), 11 «the direct lineal descendant of the spoken Hebrew of the Biblical period, as distinguished from the literary Hebrew of the Biblical period preserved in the Hebrew Scriptures.» Vgl. ferner E. Groß, Art. Mischna, RGG³ IV, 967f. und besonders E. J. Kutscher, Mišnisches Hebräisch, Rocznik Orientalistyczny 28 (1964), 35–39, der mit Recht auf den starken Einfluß des Jüdisch-Aramäischen auf das mischnische Hebräisch hinweist.

88) Dabei ist er in 3. und 11. von Gr(La) abhängig.

89) Diesem Streben nach Ausgleich ist offenbar auch 16. zum Opfer gefallen.

90) In 1. ist La ArmI und in 16. Gr^{c-679} Arm nach der jüngeren Textform verbessert.

91) Vgl. J. Ziegler, Einleitung, 21–23.

92) Vgl. J. Ziegler, Einleitung, 59 und 67.

93) S. oben 2., 4., 12., 13., 15. und 17.

94) S. oben 7., 13. und 14.

III. Die Parallelüberlieferung der Handschriften A und C

In den Handschriften A (= H^{A}) und C (= H^{C})[1]) sind folgende Stichen und Distichen parallel überliefert: $3_{14-18.21.22}$ $4_{21-23.30.31}$ $5_{4-7.9-13}$ $6_{19.28.35}$ $7_{1.2.4.6.17.20.21.23-25}$. Das Verhältnis der dadurch entstehenden Dubletten zueinander und zu den alten Versionen stellt sich wie folgt dar:

1. 3_{14a} H^{A} — צדקת אב לא תמחה
   $_{14b}$ — ותמור חטאת היא תנתע
   $_{14b}$ H^{Amg} — תנטע
   3_{14a} H^{C} — צדקת אב אל תשכח
   $_{14b}$ — ותחת עונתו תתנצ[ב] [2])

   Gr ἐλεημοσύνη γὰρ πατρὸς οὐκ ἐπιλησθήσεται
   καὶ ἀντὶ ἁμαρτιῶν προσανοικοδομηθήσεταί σοι

   La *elemosyna enim patris non erit in oblivione*
   nam pro peccato matris restituetur tibi bonum
   et iniustitia aedificabitur tibi

   Syr — זדקתא דאבא לא מתטעיא
   ותלף תוֿבא הי מתנצבא

H^{A} תנתע] l c H^{Amg} (Syr מתנצבא) תנטע (Smend, Peters, Segal, Harṭōm); Verschreibung von ט zu ת[3]).

H^{C} עונתו] l c Gr ἁμαρτιῶν עונות (Segal II, Vogt, Di Lella); Umstellung von Buchstaben.

H^{C} überliefert die ältere, H^{A} die jüngere Textform, vgl. 44_{13b} H^{B} וצדקתם ל[א תמחה], Jes 17_{10} Jer 2_{32} 13_{25} 18_{15} 23_{27} usw. M שכח bzw. T שבק (T שבק = M מחה Jes 43_{25} Ps 51_{3}), biblisch-hebräisch ותחת bzw. mischnisch-hebräisch ותמור (ebenso 4_{10b})[4]) und Jes 59_{2} Jer 5_{25} 14_{10} 31_{34} 50_{20} Hos 8_{13} 9_{9} 13_{12} Ps 51_{4} 85_{3} 109_{14} Hi 10_{6} חטאת ... עון.

Gr(La) übersetzt die ältere Textform, bezeugt aber mit οὐκ לא statt אל und mit προσανοικοδομηθήσεται תנטע statt תתנצ[ב], vgl. 3_{9b} H^{A} נטע = Gr οἴκους (τέκνων). Damit erweist sich das אל von H^{C} 3_{14a} ebenso als tendenziöse Änderung wie das ועסק אל יהי לך von H^{C} 3_{22b}, und muß תתנצ[ב] als sekundäre Übertragung des Hapaxlegomenon תנטע[5]) in mischnisches Hebräisch gelten, vgl. Gen 2_{8} 9_{20} 21_{33} Lev 19_{23} Num 24_{6} M נטע bzw. T נצב. Zur Einfügung von Gr(La) γάρ ist

3_{11a} H^{A} כבוד איש Gr ἡ γὰρ δόξα ἀνθρώπου
6_{1b} H^{A} שם רע Gr ὄνομα γὰρ πονηρόν

10_{11a} H^{A} במות אדם Gr ἐν γὰρ τῷ ἀποθανεῖν ἄνθρωπον
11_{31a} H^{A} טוב לרע Gr τὰ γὰρ ἀγαθὰ εἰς κακά

usw. zu vergleichen. Das Nebeneinander von Gr καί und La *nam* findet sich auch 22_{4b} Gr καὶ ἡ καταισχύνουσα = La *nam quae confundit*[6]). La *pro peccato* und *iniustitia* sowie *matris restituetur tibi* (= μρος [ex προς] ἀνακομισθήσεταί σοι, vgl. Gr^{743} προσανακομισθήσεταί σοι) und *aedificabitur tibi* sind Dubletten[7]). La *bonum* (La^{AQ} *malum*) ist Glosse. Die Auslassung von σοι in Gr^{336} ist Korrektur nach der älteren Textform.

Syr gibt die jüngere Textform wieder, vgl. H^{A} תמחה Syr מתטעיא Arab *jammaḥī* (deletur) und 44_{13b} Dtn 25_{6} Jdc 21_{17} Prov 6_{33} H(M) מחה = Syr טעא[8]) sowie Dan 9_{20} (bis) M חטאת = Syr חוֹבא[9]).

2. 3_{15a} H^{A} ביום צרה תזכר לך
15b כתם על כפור להשבית עוניך
3_{15a} H^{C} ביום יזכר לך
15b וכחורב על קרח נמס חטאתיך

Gr^{rel} ἐν ἡμέρᾳ θλίψεώς σου ἀναμνησθήσεταί σου·
ὡς εὐδία ἐπὶ παγετῷ, οὕτως ἀναλυθήσονταί σου αἱ ἁμαρτίαι

La *in die tribulationis commemorabitur tui*
sicut in sereno glacies solventur tua peccata

Syr ביומא דעקתא הי תתדכר לך
איך תומא על גלידא למבטלו תטהי̈ך

H^{C} ביום יזכר] l c $Gr^{S*\,L'-694}$(La) ἐν ἡμέρᾳ θλίψεως ἀναμνησθήσεται ביום צרה יזכר (Segal II)[10]); Ausfall durch Homoioteleuton. Zur Einfügung des Possessivpronomens in Gr^{rel} ist $6_{8b.10b}$ 35_{26a} zu vergleichen[11]).

H^{C} überliefert die ältere, H^{A} die jüngere Textform, vgl. Ex 32_{13} Dtn 9_{27} II Reg 20_{3} Jes 38_{3} 43_{25} Jer 31_{34} M זכר bzw. T אידכר (T אידכר = M נזכר Jes 65_{17} Jer 11_{19} Ez 3_{20} $18_{22.24}$ usw.), Gen 31_{40} Jer 36_{30} Ez 1_{22} M קרח bzw. T גלידא (T גלידא = M כפור Ex 16_{14} Ps 147_{16} Hi 38_{29}) und Hi 38_{29} הקרח וכפר שמים.

Gr(La) übersetzt die ältere Textform, bezeugt aber mit σου αἱ ἁμαρτίαι עוניך statt חטאתיך, vgl. 3_{14b} H^{C} עונות = Gr ἁμαρτιῶν. Dadurch erweist sich חטאתיך, das im übrigen mit נמס disgruiert, als Änderung zur Vermeidung der Wiederholung von עון[12]). Gr(La) ἀναμνησθήσεται entspricht H^{C} יזכר (Fritzsche[13]), Box-Oesterley[14]), Duesberg-Auvray[15])), vgl. 16_{17b} H^{A} יזכרני = Gr(La) μου μνησθήσεται[16]). $Gr^{S*\,L'-694}$ θλίψεως La *tribulationis*, $Gr^{534\ 694\ 705}$ Syh σοι La^{pc} *tibi*, $Gr^{c-404'-679\ 339\ 542\ 578}$ Arm(II) Max. p. 857 Anton. p. 1048 καὶ ὡς εὐδία La^{V} *et sicut in sereno*, die Auslassung von οὕτως in La und Gr^{404} Syh αἱ ἁμαρτίαι σου La^{V} *peccata tua* sind Korrekturen nach der älteren Textform. La *sicut in* (= $Gr^{S*\ 578}$ Max. Anton. ἐν) *sereno glacies* «verdeutlicht durch leichte Umbiegung» (Peters)[17]). Zur Einfügung von Gr οὕτως sind

11_{30a} H^A לב גאה Gr οὕτως καρδία ὑπερηφάνου und
12_{10b} H^A רועו Gr οὕτως ἡ πονηρία αὐτοῦ zu vergleichen.

Syr gibt die jüngere Textform wieder, vgl. Ex 16_{14} M כפור = Syr גלידא [18]).

3. 3_{16a} H^A כי מזיד בוזה אביו
16b ומכעיס בוראו מקלל אמו
3_{16a} H^C כמגדף העוזב אביו
16b וזועם אל יסחוב אמו

Gr ὡς βλάσφημος ὁ ἐγκαταλιπὼν πατέρα,
καὶ κεκατηραμένος ὑπὸ κυρίου ὁ παροργίζων μητέρα αὐτοῦ

La *quam malae famae est qui relinquit patrem*
et est maledictus a Deo qui exasperat matrem

Syr מטל דמגדף מן דשאט לאבוהי
וליט קדם בריה מן דמצער לאמה

H^C וזועם] l c Gr(La) καὶ κεκατηραμένος וזעום (SegalII, Vogt), vgl. Num 23_7 M זעם = Gr ἐπικαταρᾶσθαι, Num 23_8 (bis) M זעם = Gr καταρᾶσθαι; Umstellung von Buchstaben.

H^C überliefert die ältere, H^A die jüngere Textform, vgl. Jes 66_{14} Mi 6_{10} Sach 1_{12} M זעם bzw. T איתי לוט (T לוט = M קלל Jes 8_{21} Jer 15_{10} Ps 62_5 109_{28} Hi 3_1 usw.).

Gr(La) übersetzt die ältere Textform, bezeugt aber mit ὁ παροργίζων מכעיס, vgl. Dtn 4_{25} 31_{29} 32_{21} Jdc 2_{12} I Reg 14_{15} usw. M הכעיס = Gr παροργίζειν. Dadurch erweist sich H^C יסחוב[19]) als sekundäre Übertragung in mischnisches Hebräisch. Zum Nebeneinander von H^C אל und Gr ὑπὸ κυρίου ist 7_{4a} H^{AC} מאל Gr παρὰ κυρίου zu vergleichen[20]). Gr$^{O\ l}$ ὑπὸ (Gr^{l} ἀπὸ) θεοῦ La *a Deo* und Gr$^{O\ L'-672-694\ 542c}$ verss.^{p} Dam. p. 293 Anton. p. 1049 πατέρα αὐτοῦ sind Korrekturen nach der älteren Textform. La *qui relinquit* entspricht Gr$^{O\ L\ (exc\ 493)\ a\ b\ al.}$ ὁ ἐγκαταλείπων, La *matrem* beruht auf Angleichung an *patrem*.

Syr gibt die jüngere Textform wieder, vgl. 3_{11b} I Sam 3_{13} H^A(M) קלל = Syr צער (Matthes[21])), ist aber mit מגדף (= βλάσφημος) und וליט (= καὶ κεκατηραμένος) von Gr(La) abhängig (Smend).

4. 3_{17a} H^A בני בעשרך התהלך בענוה
17b ותאהב מנותן מתנות
3_{17a} H^C בני את כל מלאכתיך בענוה הלוך
17b ומאיש מתן תאהב

Gr τέκνον, ἐν πραΰτητι τὰ ἔργα σου διέξαγε,
καὶ ὑπὸ ἀνθρώπου δεκτοῦ ἀγαπηθήσῃ

La *fili in mansuetudine opera tua perfice*
et super hominum gloriam diligeris

Syr ברי בעותרך במכיכותא הלך
ומן גברא דיהב מוהֿבתא נרתמונך

H^C überliefert die ältere, H^A die jüngere Textform, vgl. Prov 19_6 M לאיש מתן bzw. T יהיב מוהבתא sowie Ibn Esra לאיש נותן להם מתנות und Levi ben Gerson לאיש נותן מתנות. Zu H^C הלוך ist Num 22_{14} הֲלֹךְ, Ex 3_{19} Num 22_{13} Hi 34_{23} Koh 6_8 לַהֲלֹךְ, Num 22_{16} מֵהֲלֹךְ und Koh 6_9 מֵהֲלָךְ־ zu vergleichen.

Gr(La) gibt die ältere Textform wieder, vgl. Ps 136_{16} Hi 12_{17} M הוליך = Gr διάγειν und Prov 10_{24} M ותאות צדיקים יתן = Gr ἐπιθυμία δὲ δικαίου δεκτή. Statt Gr ὑπὸ ἀνθρώπου δεκτοῦ La *super hominum gloriam* (= ὑπὲρ ἀνθρώπων δόξαν: Herkenne, Smend, Peters) ist vielleicht ὑπὲρ ἄνθρωπον δότην, vgl. Prov 22_{8a}(Gr), herzustellen (Smend)[22]. Gr^A *O*–V 248–315'–694 *b* 339 443 542 575 755 Arm τὰ ἔργα σου ἐν πραΰτητι ist Korrektur nach der älteren Textform.

Syr überträgt die jüngere Textform, ist jedoch in 3_{17b} nach Gr korrigiert (Smend), wie Arab *wa-kun maḥbūban ila n-nāsi akṯara mimman juǧīzu l-ǧawā'iza* (et esto hominibus charior quam is qui dona largitur) zeigt.

5. 3_{18a} H^A מעט נפשך מכל גדולת עולם
$18b$ ולפני אֵל תמצא רחמים
3_{18a} H^C בני גדול אתה כן תשפיל נפשך
$18b$ ובעיני אלהים תמצא חן

Gr ὅσῳ μέγας εἶ, τοσούτῳ ταπείνου σεαυτόν,
καὶ ἔναντι κυρίου εὑρήσεις χάριν

La *quanto magnus es humilia te in omnibus*
et coram Deo invenies gratiam

Syr בכל דאית דרב בעלמא אזער נפשך
וקדם אלהא תשכח ר̈חמא

H^A מכל גדולת] l c Syr בכל דאית דרב (cf La *in omnibus*) בכל גדולַת (Smend, Peters, Segal, Vogt); Verschreibung von ב zu מ[23]). Siehe ferner Ps 145_6 K וגדולתיך Q וגדולתך 11QPs[a] וגדולותיכה.

H^C בני] dl c Gr(La) (Vogt, Di Lella); vertikale Dittographie: 3_{17a} H^C בני את כל מלאכתיך בענוה הלוך.

H^C überliefert die ältere, H^A die jüngere Textform, vgl. biblisch-hebräisch השפיל bzw. mischnisch-hebräisch מעט[24]) und Gen 6_8 19_{19} Ex $33_{12.13}$ (bis)$_{.16.17}$ 34_7 usw. M מצא חן בעיני פלוני bzw. T אשכח רחמין קדם פלן (T רחמיא = M רחמים Gen $43_{14.30}$ Dtn 13_{18} II Sam 24_{14} Jes 47_6 54_7 $63_{7.15}$ usw. und T קדם = M לפני Gen 6_{11} 10_9 [bis] 13_{10} 18_{22} $23_{12.17}$ usw.). Zur Einfügung von עולם «Welt» ist H^A 16_{7b} zu vergleichen[25]).

Gr(La) übersetzt die ältere Textform. Gr^{a} Arm εἶ, ταπείνου La *es humulia* und La *in omnibus* sind Korrekturen nach der jüngeren Textform.

Syr gibt die jüngere Textform wieder.

6. 3_{21a} H^{A} פלאות ממך אל תדרוש
$21b$ ומכוסה ממך אל תחקור[26]
3_{21a} H^{C} פלאות ממך אל תחקור
$21b$ ורעים ממך אל תדרוש
Gr χαλεπώτερά σου μὴ ζήτει
καὶ ἰσχυρότερά σου μὴ ἐξέταζε
La *altiora te ne scrutaveris*
et fortiora te ne exquisieris
Syr דקשׁין מנך לא תבעא
ודתקי̈פן מנך לא תעקב

H^{C} ורעים] l ורזים (Vogt)[27].

H^{A} überliefert die ältere, H^{C} die jüngere Textform. Abgesehen von ורזים, das als sekundäre Übertragung von ומכוסה in mischnisches Hebräisch angesehen werden muß[28], unterscheidet sich die jüngere von den älteren Textform nur durch die Vertauschung der Verben der beiden Stichen. In dieser Hinsicht stimmt die jüngere Textform mit Midr Konen[29] überein: כ״כ בספר בן סירא במופלא ממך אל תחקור ובמכוסה ממך אל תדרוש.

Gr ζήτει . . . ἐξέταζε (Gr^{O} Or. IV 230 GregNyss. I 357 Chr. II 131 Tht. IV 716te Anton. p. 1188 ἐρεύνα[30]) La^{V} *quaesieris . . . scrutatus fueris* Syr תעקב . . . תבעא übersetzen die ältere Textform. Tht. II 168 ἐρεύνα . . . ζήτει Cyr. VI 956 (lib.) ἐξετάζειν . . . ζητεῖν La *scrutaveris . . . exquisieris* ist Korrektur nach der jüngeren Textform. Gr χαλεπώτερα[31]) und Syr דקשׁין, vgl. 39_{20d} H^{B} נפלא וחזק = Syr דעשין וקשא, übersetzen H^{AC} פלאות[32]). Ob La *altiora* auf Gr^{O-Sc} Eus. eccl. theol. I 12 PsChr. I 1094 Cyr. II 920 VI 712 (lib.) 956 (lib.) X 100 PsCaes. p. 1097 Antioch. p. 1541 βαθύτερα oder Epiph. I 20 Isid. p. 1113^{ap} ὑψηλότερα zurückgeht, ist nicht auszumachen. Zu beiden Lesarten sind Hi 11_{8} עמקה משאול מה־תדע und pḤag 77c ר׳ לעזר בשם בר סירה פליאה ממך מה תדע עמוקה משאול מה תחקור zu vergleichen (Smend, Segal). Gr(La) καὶ ἰσχυρότερα, von dem Syr ודתקי̈פן abhängig ist, entspricht Gen r 8 ר׳ אלעזר בשם בן סירא אומר בגדול ממך בל תדרש בחזק ממך בל תחקר במפלא ממך בל תדע במכסה ממך בל תשאל (Smend, Segal, Harṭōm).

7. 3_{22a} H^{A} במה שהורשית התבונן
$22b$ ואין לך עסק בנסתרות
3_{22a} H^{C} באשר הורשיתה התבונן
$22b$ ועסק אל יהי לך בנסתרות

Gr ἃ προσετάγη σοι, ταῦτα διανοοῦ,
οὐ γάρ ἐστίν σοι χρεία τῶν κρυπτῶν

La *sed quae praecepit tibi Deus illa cogita semper* . . .
non est enim tibi necessarium ea quae abscondita sunt
videre oculis tuis

Syr במא דאשלטוך אסתכל
ולית לך תוכלנא על כסׄיתא

H^C überliefert die ältere[33]), H^A die jüngere Textform[34]), vgl. biblisch-hebräisch באשר הורשיתה bzw. mischnisch-hebräisch במה שהורשית[35]).

Gr(La) übersetzt die ältere Textform, vgl. Esr 3_7 M כרשין = III Esr 5_{53} Gr κατὰ τὸ πρόσταγμα V *iuxta quod praeceperat*[36]), bezeugt aber mit οὐ γάρ ἐστιν ואין statt ו . . . אל יהי, vgl. Hi 11_3 M ואין = Gr οὐ γάρ ἐστιν. Dadurch erweist sich das ו . . . אל יהי ebenso als tendenziöse Änderung wie das אל von H^C 3_{14a}[37]). La *sed quae praecepit tibi Deus* beruht auf freier Wiedergabe (Peters). La *cogita semper* und *videre oculis tuis* entspricht Gr^{O L–694–743} διανοοῦ ὁσίως CyrHieros. p. 716 διανοοῦ μόνα Gr^{753} μόνα διανοοῦ bzw. Gr^{248–694–743} Antioch. p. 1544 βλέπειν ὀφθαλμοῖς (Antioch. + σου).

Syr scheint die jüngere Textform wiederzugeben, vgl. 42_{19b} H^{BM} נסתרות = Syr כסׄיתא[38]), ist aber mit תוכלנא von 1T 6_{17} Gr μηδὲ ἠλπικέναι ἐπὶ πλούτου ἀδηλότητι Syr ולא נתתכלון על עותרא דלית עלוהי תוכלנא (Smend)[39]) abhängig[40]).

8. 4_{21a} H^A כי יש בֹשָׂאֹתֿ משאת עון
21b ויש בשת כבוד וחן
4_{21a} H^C יש בשת משאת עון
21b ויש בשת חן וכבוד

Gr ἔστιν γὰρ αἰσχύνη ἐπάγουσα ἁμαρτίαν,
καὶ ἔστιν αἰσχύνη δόξα καὶ χάρις

La *est enim confusio adducens peccatum*
et est confusio adducens gloriam et gratiam

Syr מטל דאית בהתתא דבריא חטהׄא
ואית בהתתא דאיקרה טיבותא

H^A בשאת] l c Syr בהתתא בשת; Dittographie: משאת עון.

H^A überliefert die ältere, H^C die jüngere Textform. Abgesehen von der Auslassung von כי unterscheidet sich die jüngere von der älteren Textform nur durch die unter Einfluß von Ps 84_{12} חן וכבוד יתן יהוה erfolgte Umstellung des Wortpaares כבוד וחן. Die Variante כבוד וחן // חן וכבוד findet sich auch 24_{16b} Gr(La) δόξης καὶ χάριτος Syr תשבוחתא ואיקרא.

Gr(La) Syr übersetzen die ältere Textform. La *adducens* 2^{0} entspricht Gr^{404} Aeth Arm Hi. in Ez 16_{52} ἐπάγουσα. Syr **דאיקרה טיבותא** (= **כבודו חן**) geht auf falsche Worttrennung zurück. Gr$^{l\ 404}$ ἔστιν (αἰσχύνη) La^{L*} *est* (*confusio*) und Gr^{755} Aug. ep. 93,52 χάρις καὶ δόξα La$^{\Sigma T}$ *gratiam et gloriam* sind Korrekturen nach der jüngeren Textform.

9. 4_{22a} H^{A} — אל תשא פניך על נפשך
$22b$ — ואל תכשל למכשוליך
4_{22a} H^{C} — אל תשא פנים לנפשיך
$22b$ — ואל תבוש למכשול לך

Gr μὴ λάβῃς πρόσωπον κατὰ τῆς ψυχῆς σου
καὶ μὴ ἐντραπῇς εἰς πτῶσίν σου

La *ne accipias faciem adversus faciem tuam*
nec adversus animam tuam mendacium
non reverearis proximum tuum in casum suum

Syr — לא תסב באפ̈י נפשך
ולא תבהת למודיו בתוקֿלתך

H^{A} פניך] l פנים (Smend, Segal, Segal II), vgl. 35_{16a} H^{B} לא ישא פנים אל דל; durch נפשך veranlaßte Fehlschreibung[41]).

H^{A} תכשל] l c Syr תבש תבהת (Smend, Box-Oesterley, Segal II, Vogt), vgl. $4_{20b.26a}$ 15_{4b} 51_{29b} II Reg 2_{17} usw. H(M) בוש = Syr בהת; Verschreibung von ב zu כ[42]) und Dittographie.

H^{C} למכשול לך] l c Gr εἰς πτῶσίν σου למכשולך (Di Lella); Dittographie[43]).

H^{C} **לנפשיך** beruht auf tendenziöser Änderung[44]), vgl. Gen 19_{21} **הנה נשאתי פניך גם לדבר הזה**. La *adversus faciem tuam* und *adversus animam tuam* (= Gr κατὰ τῆς ψυχῆς σου) sind Dubletten. La *mendacium*, vgl. 4_{25b} Gr$^{O\ 248-694-743-l}$ καὶ περὶ ψεύσματος τῆς (> Gr^{253}) ἀπαιδευσίας σου ἐντράπηθι La *et de mendacio ineruditionis tuae confundere*, und *proximum tuum*, vgl. 6_{1a} 11_{30b} 19_{10a} 21_{22a} 27_{26b} 28_{7b}, sind Glossen. La *in casum suum* geht auf das Mißverständnis σου = *suus* zurück (Herkenne)[45]).

Syr **לא תסב באפ̈י נפשך** übersetzt so, als ob er **אל תשא פני נפשך** gelesen hätte (Lévi, Smend). Syr **לא תבהת למודיו בתוקֿלתך** ist mit 4_{26a} Syr **לא תבהת למודיו בחטה̈יך** kontaminiert.

10. 4_{23a} H^{A} — אל תמנע דבר בעולם
$23b$ — אל תצפין את חכמתך
4_{23a} H^{C} — אל תמנע דבר בעיתו
$23b$ — ואל תקפוץ את חכמתך

Gr μὴ κωλύσῃς λόγον ἐν καιρῷ σωτηρίας,
Gr$^{O\ L'-672-694-743\ 339\ 547mg\ 755}$ Arm καὶ μὴ κρύψῃς (Gr$^{L(exc\ 248)}$ pr ἀπο-) τὴν σοφίαν (Gr^{672} λόγον) σου

La *nec retineas verbum in tempus salutis*
non abscondas sapientiam tuam in decorem eius

Syr לא תכלא פתגמא בעדנה
ולא תטשא חכמתך

H^A בעולם אל] l c Syr בעיתו ואל בעדנה ולא (Smend, Box-Oesterley, Segal, Hamp); Verschreibung von י zu ו[46]), von ת zu ל und von וו zu ם[47]).

H^C תקפוץ] l c Gr $^{O\ L'-672-694-743\ 339\ 547mg\ 755}$Arm(La) (ἀπο-)κρύψῃς תצפין; תקפוץ ist aus 4_{31b} eingedrungen.

Zu H^{AC} דבר בעיתו Syr פתגמא בעדנה ist Prov 15_{23} ודבר בעתו zu vergleichen. Gr(La) ἐν καιρῷ σωτηρίας geht auf den Fehler $\overline{\text{CPIAC}}$ für XPIAC zurück (Smend)[48]); Gr(La) χρείας ist Zusatz gemäß 8_{9d} 29_{2a} 40_{7a} H בעת צרך (Smend, Harṭōm). 4_{23b} fehlt in Gr. Gr^{672} λόγον stammt aus 4_{23a}. La *in decorem eius* entspricht $Gr^{O\ L'-672-694-743}$ εἰς καλλονήν.

11. 4_{30a} H^A אל תהי ככלב בביתך
30b ומוזר ומתירא במלאכתך
4_{30a} H^C אל תהי כאריה בביתך
30b ומתפחז בעבודתך

Gr μὴ ἴσθι ὡς λέων ἐν τῷ οἴκῳ σου
καὶ φαντασιοκοπῶν ἐν τοῖς οἰκέταις σου

La *noli esse sicut leo in domo tua*
evertens domesticos tuos et obprimens subiectos tibi

Syr לא תהוא כלב בביתך
וזעיף ודחיל בעבּ̈דתך

H^C überliefert die ältere, H^A die jüngere Textform, vgl. Gen 26_{14} M ועבדה bzw. T^{Mss} T^J ופ(ו)לחנא Hi 1_3 M ועבדה bzw. T ופולחנא (T פולחנא = M מלאכה Ps 107_{23} I Chr 4_{23} 6_{34} 25_1 29_1 II Chr 17_{13}) und Gen r 99 zu פחז Gen 49_4 בן יעקב אמר פסע״ת על דת. חב״ת בבכורתך. ז״ר נ ע ש י ת ר״א למתנותיך[49]).

Gr(La) übersetzt die ältere Textform. La *et obprimens subiectos tibi* entspricht Anton. p. 1064 καὶ ταπεινῶν τοὺς ὑποχειρίους σου dupl.

Syr gibt die jüngere Textform wieder. Syr כלב beruht auf Haplographie.

12. 4_{31a} H^A אל תהי ידך פתוחה לקחת
31b וקפוצה בתוך מתן
4_{31a} H^C אל תהי ידך מושטת לשאת
31b ובעת השב קפודה

Gr μὴ ἔστω ἡ χείρ σου ἐκτεταμένη εἰς τὸ λαβεῖν
καὶ ἐν τῷ ἀποδιδόναι συνεσταλμένη

La *non sit porrecta manus tua ad accipiendum*
et ad reddendum collecta

Syr לא תהוא פשיטא אידך למסב
ותהוא קפיסא למתל

H^C überliefert die ältere, H^A die jüngere Textform, vgl. Ex 23_1 28_{43} 30_{12} Lev $5_{1.17}$ 7_{18} usw. M נשא bzw. T קבל (T קבל = M לקח Gen 4_{11} 14_{24} 21_{30} $27_{35.36}$ $33_{10.11}$ usw.) und Raschi zu Ez 45_{11} לשאת כמו לקחת. Das Variantenpaar נשא // לקח findet sich auch 32_{14a} $H^{Bl.\ 2}$ יקח H^{Bmg} ישא; 42_{7b} H^B ומתת ולקח Gr(La) καὶ δόσις καὶ λῆμψις H^{Bmg} ושואה ותתה Sa καὶ λῆμψις καὶ δόσις[50]).

Gr(La) übersetzt die ältere Textform, vgl. 11_{19a} H^A ובעת = Gr ἐν τῷ[51]). La *et ad* entspricht Gr^l καὶ εἰς τό, vgl. Gr^{421} εἰς δὲ τό. Gr^a Chr. III 85 Antioch. p. 1460 καὶ ἐν τῷ διδόναι La^V *et ad dandum* (= καὶ εἰς τὸ διδόναι) ist Korrektur nach der jüngeren Textform.

Syr gibt die jüngere Textform wieder.

13. 5_{4a} H^A אל תאמר חטאתי ומה יעשה לי מאומה
$4b$ כי אל ארך אפים הוא
5_{4a} H^C אל תאמר חטאתי ומה יהיה לו
$4b$ כי ייי ארך אפים הוא

Gr μὴ εἴπῃς Ἥμαρτον, καὶ τί μοι ἐγένετο;
ὁ γὰρ κύριός ἐστιν μακρόθυμος

La *ne dixeris peccavi et quid accidit mihi triste*
Altissimus enim est patiens redditor

Syr לא תאמר דחטית ולא הוא לי מדם
מטל דאלהא נגיר רוחא הו

H^C לו] l c Gr(La) μοι לי (Smend, Segal, Harṭōm); Verschreibung von ־ zu ו[52]).

H^C überliefert die ältere, H^A die jüngere Textform, vgl. Ps 119_{83} M הייתי 11Q Ps^a עשיתני sowie I Sam 22_3 מה־יעשה־לי אלהים und Ps 118_6 מה־יעשה לי אדם.

Gr(La) übersetzt die ältere Textform, bezeugt aber mit ἐγένετο היה statt יהיה. Dadurch erweist sich H^C יהיה als tendenziöse Änderung. Gr^{429} Syh $verss.^p$ Dam. p. 152 Anton. p. 836 μακρόθυμός ἐστιν $La^{\Omega M}$ *patiens est* ist Korrektur nach der älteren Textform. Bei $Gr^{L'-694-743}$ Aeth(vid.) λυπηρόν La *triste* handelt es sich um Angleichung, bei Ps Ath. IV 377 ὁ γὰρ θεός bzw. Gr^O ὁ γὰρ ὕψιστος La *Altissimus enim* um Korrektur nach der jüngeren Textform[53]). Zu La *redditor* ist $Gr^{L'-694}$ οὐ μή σε ἀνῇ zu vergleichen.

Syr gibt die jüngere Textform wieder, ist aber mit הוא von Gr(La) ἐγένετο abhängig.

14. 5_{5a} H^A אל סליחה אל תבטח
$5b$ להוסיף עון על עון[54])
5_{5a} H^C אל סליחה אל תבטח
$5b$ להוסיף עון על עון[54])

Gr περὶ ἐξιλασμοῦ μὴ ἄφοβος γίνου
προσθεῖναι ἁμαρτίαν ἐφ' ἁμαρτίαις

La *de propitiatu peccatorum noli esse sine metu*
neque adicias peccatum super peccatum

Syr לא תתכל על שובקנא
דלא תטהא על חטהא תוסף

H^{AC} אל] = על[55]

La *peccatorum* ist Glosse. $Gr^{V\ 694}$ Aeth ἁμαρτίαν ἐφ' ἁμαρτίαν La *peccatum super peccatum* ist Korrektur nach H[56]). Zu Gr^{613} μὴ προσθῇς La^{x} *ne adicias* Syr תוסף ... דלא ist 8_{11b} H^{A} להושיבו Gr ἵνα μὴ ἐγκαθίσῃ La *ne sedeat* Syr דלא נהוא zu vergleichen[57]).

15. 5_{6a} H^{A1} אל תאמר רחום יי
$6b$ וכל עונותי ימחה[58])
5_{6a} H^{A2} ואמרת רחמיו רבים
$6b$ לרוב עונותי יסלח
5_{6a} H^{C} ואמרת רבים רחמיו
$6b$ לרוב עוונותי יסלח

Gr καὶ μὴ εἴπῃς Ὁ οἰκτιρμὸς αὐτοῦ πολύς,
τὸ πλῆθος τῶν ἁμαρτιῶν μου ἐξιλάσεται

La *et ne dicas miseratio Dei magna est*
multitudinis peccatorum meorum miserebitur

Syr לא תאמר דמרחמנא הו מריא
ולסוגאא דחובא[59]) הו שבק לי[58])

H^{A2} überliefert die ältere[60]), H^{A1} die jüngere Textform, vgl. Dtn 8_{17} M ואמרת bzw. T^{J} הוו זהירין דלא תימרון sowie Ex 34_{9} Num $14_{19.20}$ Dtn 29_{19} M סלח bzw. T^{OJ} שבק (T שבק = M מחה Jes 43_{25} Ps 51_{3}) und Ps 51_{11} וכל־עונתי מחה. In H^{C}, der ansonsten mit der älteren Textform übereinstimmt, ist רבים רחמיו Korrektur nach II Sam 24_{14} Q = I Chr 21_{13} כי־רבים רחמיו[61]).

Gr(La) übersetzt die ältere Textform, vgl. Dtn 8_{17} M ואמרת = Gr^{A} καὶ μὴ εἴπῃς[62]). Gr^{l} Anast. p. 332 Caes. s. 66,3 ὁ οἰκτιρμὸς τοῦ θεοῦ La *miseratio Dei* (La^{V} Aeth *Domini*) ist möglicherweise Korrektur nach der jüngeren Textform[63]). La *miserebitur* beruht auf Angleichung an *miseratio*.

Syr, der die Wiederholung vermeidet (Smend), gibt den ersten Stichus der jüngeren und den zweiten der älteren Textform wieder. In der Einfügung der Kopula vor לסוגאא stimmt er mit $Gr^{443\ 575\ 755}$ Sa Antioch. p. 1545 καὶ τὸ πλῆθος überein.

16. 5_{6c} H^{A} כי רחמים ואף ע[מ]ו
$6d$ ואל רשעים ינוח רגזו[64])

5_{6c} H^C^ כי רחמים ואף עמו
6d ועל רשעים ינית רגזו[64]

Gr ἔλεος γὰρ καὶ ὀργὴ παρ’ αὐτῷ,
καὶ ἐπὶ ἁμαρτωλοὺς καταπαύσει ὁ θυμὸς αὐτοῦ

La *misericordia enim et ira ab illo*
et in peccatores respicit ira illius

Syr מטל דרֿחמא[65] ורוגזא עמה
ועל רֿשיעא נתתניח רוגזה

H^A^ ואל] = ועל[66].
H^C^ יניח] l c Gr καταπαύσει ינוח (Segal), vgl. 44_{23a} Ex 10_{14} 20_{11} Jos 3_{13} II Sam 21_{10} usw. H^B^(M) נוח = Gr καταπαύειν; Verschreibung von ו zu י[67].

La *ab illo* entspricht Gr^B 46 785^ Aeth Anast. p. 332^ap^ παρ’ αὐτοῦ, vgl. 16_{11c} H^A^ עמו Gr παρ’ αὐτῷ Gr^B^ Aeth παρ’ αὐτοῦ. Zu La *respicit* ist Jes 66_2 Gr καὶ ἐπὶ τίνα ἐπιβλέψω V *ad quem autem respiciam* zu vergleichen.

17. 5_{7a} H^A^ אל תאחר לשוב אליו
7b ואל תתעבר מיום אל יום
5_{7a} H^C^ אל תאחר לשוב אליו
7b ואל תתעבר מיום ליום

Gr μὴ ἀνάμενε ἐπιστρέψαι πρὸς κύριον
καὶ μὴ ὑπερβάλλου ἡμέραν ἐξ ἡμέρας

La *non tardes converti ad Deum*
et ne differas de die in diem

Syr לא תשתוחר דתתוב קדמוהי
ולא תתעכר מן יום ליום

H^A^ מיום אל יום entspricht Num 30_{15} I Chr 16_{23} (= Ps 96_2), H^C^ מיום ליום Ps 96_2 (= I Chr 16_{23}) Est 3_7. Gr übersetzt H, vgl. Num 30_{15} Ps 96_2 Est 3_7 ἡμέραν ἐξ ἡμέρας. Zum Nebeneinander von H^AC^ אליו Syr קדמוהי, vgl. 48_{20b}[68]), und Gr πρὸς κύριον La *ad Deum* (La^V^ *Dominum*) ist 5_{7c} H^AC^ זעמו Gr ὀργὴ κυρίου und 16_{11c} H^A^ עמו Gr^Sc^ Antioch. p. 1720 παρὰ κυρίου zu vergleichen. La *tardes* beruht auf Gr^248–694^ Dam. p. 109 Anton. p. 828 ἀναμείνῃς.

18. 5_{7c} H^A^ כי פתאום יצא זעמו
7d וביום נקם תספה
5_{7c} H^C^ כי פתאום יצא זעמו
7d ובעת נקם תספה

Gr ἐξάπινα γὰρ ἐξελεύσεται ὀργὴ κυρίου,
καὶ ἐν καιρῷ ἐκδικήσεως ἐξολῇ

La *subito enim venit ira illius*
et in tempore vindictae disperdet te

Syr מטל דמן שליא נפק רוגזא
ולעדן פורענא אבדנא

H^C überliefert die ältere, H^A die jüngere Textform, vgl. Jes 34_8 61_2 63_4 Prov 6_{34} יום נקם.

Gr(La) übersetzt die ältere Textform, Syr folgt ihm. Zum Nebeneinander von H^{AC} זעמו und Gr ὀργὴ κυρίου ist 5_{7a} H^{AC} אליו Gr πρὸς κύριον La *ad Deum* (La^V *Dominum*) und 16_{11c} H^A עמו Gr^{Sc} Antioch. p. 1720 παρὰ κυρίου zu vergleichen. Gr^{S*} *O* ὀργὴ ($Gr^{S\,253}$ pr ἡ) αὐτοῦ La *ira illius* ist Korrektur nach der älteren Textform. La *disperdet te* entspricht Gr^O ἐξολοθρεύσει σε[69]).

Syr רוגזא ist von Gr^V Aeth ὀργή abhängig. Syr אבדנא ist an רוגזא angeglichen, vgl. 8_{15d}[70]).

19. 5_{9a} H^A אל תהיה זורה לכל רוח
9b ופונה דרך שבולת
5_{9a} H^C אל תהי זורה לכל רוח
9b ואל תלך לכל שביל

Gr μὴ λίκμα ἐν παντὶ ἀνέμῳ
καὶ μὴ πορεύου ἐν πάσῃ ἀτραπῷ·
οὕτως ὁ ἁμαρτωλὸς ὁ δίγλωσσος

La *non ventiles te in omnem ventum*
et non eas in omni via
sic enim peccator probatur duplici lingua

Syr לא תהיא רדא לכל[71]) רוח
ומתפנא לכל שביל

H^A דרך שבולת] l c Syr לכל שביל לכל שביל לכל (Smend, Segal); דרך ist Korrektur für שבולת, vgl. 4_{26b} ואל תעמוד לפני שבלת, die לכל verdrängt hat (Smend).

H^C überliefert die ältere, H^A die jüngere Textform, vgl. Gen 18_{33} Num 12_9 M הלך bzw. T^{OJ} אסתלק (T אסתלק = M פנה Cant 6_1) und Cant 6_1 אנה הלך דודך ... אנה פנה דודך.

Gr(La) übersetzt die ältere Textform. Gr οὕτως ὁ ἁμαρτωλὸς ὁ δίγλωσσος La *sic enim peccator probatur duplici lingua* ist aus 6_{1c} eingedrungen. La *sic enim* entspricht Gr^O *l*–694 Arm οὕτως γάρ. Die Auslassung von οὕτως ... in Gr^{575} Sa ist Korrektur nach H.

Syr gibt die jüngere Textform wieder. Syr רדא ist aus דרא verschrieben (Herkenne, Smend), vgl. Arab *tantaqil* (movearis) und Syh תדרא Syh^{mg} תדרא איך דבמדריא. Syr^L בכל ist von Gr ἐν παντί beeinflußt.

20. 5_{10a} H^A היה סמוך על דעתך
10b ואחד יהי דברך
5_{10a} H^C היה סמוך על דברך
10b ואחר יהיה דבריך

Gr ἴσθι ἐστηριγμένος ἐν συνέσει σου,
καὶ εἷς ἔστω σου ὁ λόγος

La *esto firmus in via Dei et in veritate sensus tui et scientia et prosequatur te verbum pacis et iustitiae*

Syr הוית סמיך על טעמך
ומלתך חדא תהוא

H^C דברך] l c Gr(La) συνέσει σου דעתך (Segal); Dittographie.
H^C ואחד] l c Gr καὶ εἷς ואחד (Segal); Verschreibung von ד zu ר [72]).

Gr^{O–V 248–694 603} ὁ λόγος σου ist Korrektur nach H. La *in via Dei* und *in veritate* (= Gr^{L–743} 5_{11a} ἐν ἀληθείᾳ) sowie *sensus tui* (= Gr συνέσει σου) und *scientia* sind Dubletten. La *pacis et iustitiae* ist Glosse.

21. 5_{11a} H^A היה ממהר להאזין
11b ובארך רוח השב פתגם
5_{11a} H^C היה נכון בשמועה טובה
11b ובארך ענה תענה נכונה

Gr γίνου ταχὺς ἐν ἀκροάσει σου
καὶ ἐν μακροθυμίᾳ φθέγγου ἀπόκρισιν

La *esto mansuetus ad audiendum verbum ut intellegas et cum sapientia fers*[73]) *responsum verum*

Syr הוית מסרהב למשמע
ובמתינותא הוית יהב פתגמא

H^C נכון] l c Gr ταχύς ממהר (Segal), vgl. Mal 3_5 M ממהר = Gr ταχύς; Dittographie.
H^C ובארך] l c Gr καὶ ἐν μακροθυμίᾳ ובארך רוח (Smend), vgl. Koh 7_8 M ארך־רוח = Gr μακρόθυμος; Ausfall durch Homoiarkton.

H^C überliefert die ältere, H^A die jüngere Textform, vgl. biblisch-hebräisch ענה תענה bzw. mischnisch-hebräisch השב פתגם (ebenso 8_{9d}) und Gen 45_3 לענות אתו bzw. T^O לאתבא יתיה פתגם T^J לאתבא ליה פתגם. Siehe ferner Dan 3_{16} פתגם להתבותך Esr 5_{11} פתגמא התיבונא.

Gr(La) übersetzt die ältere Textform, läßt aber mit ἐν ἀκροάσει σου (> verss.^p) und ἀπόκρισιν טובה und נכונה unberücksichtigt. Dadurch erweisen sich H^C טובה und נכונה als Zusätze gemäß Prov 15_{30} 25_{25} (ו)שמועה טובה bzw. Ps 5_{10} כי אין בפיהו נכונה und Hi 42,7.8 כי לא דברתם אלי נכונה. Gr^{O 106–545} ἐν ἀκροάσει ἀγαθῇ bzw. Gr^{L–130–705–743} ἐν ἀκροάσει σου ἀγαθῇ und Gr^{O L–694–743} ἀπόκρισιν ὀρθήν La *responsum verum* sind Korrekturen nach der erweiterten älteren Textform. La *mansuetus* entspricht Gr^{575} πραΰς Anton. p. 1201 πραός, La *verbum ut intellegas* Anton. ἐν ἀποκρίσει (l ἀκροάσει: Smend) λόγου, ἵνα συνήσῃς. Jc 1_{19} εἰς τὸ ἀκοῦσαι La *ad audiendum* ist Korrektur nach der jüngeren Textform. La *sapientia* ist Fehler für La^X *patientia*[74]).

Syr gibt die jüngere Textform wieder, vgl. Jes 42_{23} 64_3 Hos 5_1 Ps 77_2 135_{17} usw. M האזין = Syr שמע[75]).

22. 5_{12a} H^A^ אם יש אתך ענה רעך
12b ואם אין ידך על פיך
5_{12a} H^C^ אם יש אתך ענה ריעיך
12b ואם אין שים ידך על פיך

Gr εἰ ἔστιν σοι σύνεσις, ἀποκρίθητι τῷ πλησίον·
εἰ δὲ μή, ἡ χείρ σου ἔστω ἐπὶ στόματί σου

La *si est tibi intellectus responde proximo*
sin autem sit manus tua super os tuum
ne capiaris verbo indisciplinato et confundaris

Syr אן אית לך מלתא פנא לחברך
ואן לא[76]) אידך סים על פומך

H^A^ überliefert die ältere, H^C^ die jüngere Textform, vgl. Prov 30_{32} יד לפה bzw. Jdc 18_{19} שים־ידך על־פיך; Mi 7_{16} ישימו יד על־פה; Hi 21_5 ושימו יד על־פה; 40_4 ידי שמתי למו־פי.

Gr(La) übersetzt die ältere Textform. Gr(La) σύνεσις und Chr. V 433 Anton. p. 996 λόγος, vgl. Hi 33_{32} Gr^B*^ εἰ ἔστιν λόγος, ἀποκρίθητί μοι, sind Glossen, Cyr. V 384 VI 476 IX 57 Greg Naz. II 197 λόγος συνέσεως ist Dublette. Gr^575^ verss.^p^ Mal. τῷ πλησίον σου La^x^ *proximo tuo* und die Auslassung von ἔστω und *sit* in Gr^46 613 755^ bzw. La^Y Ω^M^ sind Korrekturen nach der älteren, Sa *manum tuam pone super os tuum* ist Korrektur nach der jüngeren Textform. La *ne capiaris verbo indisciplinato et confundaris* ist Dublette zu 5_{14b} Gr καὶ τῇ γλώσσῃ σου μὴ ἐνέδρευε La *et lingua tua capiaris et confundaris*.

Syr gibt die jüngere Textform wieder. Syr מלתא ist von Chr. V 433 Anton. p. 996 λόγος abhängig.

23. 5_{13a} H^A^ כבוד וקלון ביוד בוטא
13b ולשון אדם מפלתו
5_{13a} H^C^ כבוד וקלון ביד בוטה
13b ולשון אדם מפליטו

Gr δόξα καὶ ἀτιμία ἐν λαλιᾷ,
καὶ γλῶσσα ἀνθρώπου πτῶσις αὐτῷ

La *honor et gloria in sermone sensati*
lingua inprudentis subversio ipsius

Syr איקרא וקללא ביד מן דממלל
ולשנהון דבנ̈ינשא רמא להון

H^A^ ביוד] l c Syr ביד ביד: Dittographie unter Verschreibung von י zu ו[77]).

H^C^ מפליטו] l c Gr^S 253 106 155 311 315*? 543 694 753^ verss.^p^ (La) πτῶσις αὐτοῦ ממלתו (Segal), vgl. Ez $26_{15.18}$ 27_{27} $31_{13.16}$ 32_{10} M מפלת = Gr πτῶσις; Verschreibung von ת zu ט[78]).

Zum Nebeneinander von H^A^ בוטא und H^C^ בוטה ist Prov 12_{18} K^Occ^ בוטה K^Or^ בוטא zu vergleichen.

Gr(La) übersetzt בוטא/ה entsprechend dem neuhebräischen ביטוא oder ביטוי «Ausspruch, -druck» (Wiesen) mit λαλιά, vgl. 9_{17b} H^A חכם ביטה Gr σοφὸς ἐν λόγῳ αὐτοῦ La *in sapientia sermonis sui*, während Syr מן דממלל es als Partizip von בטא/ה auffaßt. $Gr^{S\ 253\ 106\ 155\ 311\ 315*?\ 543\ 694\ 753}$ verss.^{p} πτῶσις αὐτοῦ La *subversio ipsius* ist Korrektur nach H. La *gloria* beruht auf Fehlübersetzung von ἀτιμία[79]), die ihrerseits die Glosse *sensati* und die Wiedergabe von ἀνθρώπου mit *inprudentis* nach sich zog.

24. 6_{19a} H^A כחורש וכקוצר קרב אליה
19b וקוה לרב תבואתה
6_{19a} H^C כחורש וכקוצר קרב אליה
19b וקוה לרוב תבואתה

Gr ὡς ὁ ἀροτριῶν καὶ ὁ σπείρων πρόσελθε αὐτῇ
καὶ ἀνάμενε τοὺς ἀγαθοὺς καρποὺς αὐτῆς

La *quasi is qui arat et seminat accede ad illam*
et sustine bonos fructus illius

Syr איך זרועא ואיך חצודא קרוב עליה
וסוגאא דעללתה תחמול

Gr(La) ὡς ὁ ἀροτριῶν καὶ ὁ σπείρων übersetzt, als ob er כחורש וכזורע (Segal) gelesen hätte[80]). Syr איך זרועא ואיך חצודא (= כזורע וכקוצר) gleicht H und Gr(La) miteinander aus (Smend, Peters). $Gr^{A\ C\ l-157\ 155\ 315\ 339\ 404'\ 443\ 542\ 543\ 547\ 575\ 679\ 706\ 755}$ Syh Aeth Anast. p. 676 Mal. καὶ ὡς ὁ σπείρων ist Korrektur nach H. Gr(La) τοὺς ἀγαθοὺς geht wahrscheinlich auf לטוב zurück (Smend, Peters, Segal). Syr ו . . . תחמול leitet וקוה von II קוה Gen 1_9 Jes 60_9 cj Jer 3_{17} ab (Segal).

25. 6_{19c} H^A כי בעבדתה מעט תעבוד
19d ולמחר תאכל פריה
6_{19c} H^C כי בעבודתה מעט תעבוד
19d ולמחר תאכל פריה

Gr ἐν γὰρ τῇ ἐργασίᾳ αὐτῆς ὀλίγον κοπιάσεις
καὶ ταχὺ φάγεσαι τῶν γενημάτων αὐτῆς

La *in opere enim ipsius exiguum laborabis*
et cito edes de generationibus illius

Syr איך עמלא זעורא תעמל
ובעגל אבה תאכול

Gr(La) κοπιάσεις und καὶ ταχὺ scheint תעמול (Smend, Box-Oesterley, Segal, Hamp) bzw. ו(ל)מהר (Smend, Peters, Box-Oesterley, Segal) gelesen zu haben. Syr folgt ihm (Smend). La *de generationibus illius* entspricht $Gr^{248-315'}$ Syh Mal. ἀπὸ τῶν γενημάτων αὐτῆς.

26. 6_{28a} H^A כי לאחור תמצא מנוחתה
28b ונהפך לך לתענוג

6_{28a} H^C כי לאחור תמצא מנוחתה
$_{28b}$ ותהפך לך לתענוג
Gr ἐπ' ἐσχάτων γὰρ εὑρήσεις τὴν ἀνάπαυσιν αὐτῆς,
καὶ στραφήσεταί σοι εἰς εὐφροσύνην
La *in novissimis enim invenies requiem in ea*
et convertetur tibi in oblectationem
Syr ובחרתא[81] תשכח ניחא ותפנ̈יקא
ותחדא באחריתך[82]

H^A ונהפך] l ותהפך; Verschreibung von ת zu נ[83].

Gr(La) εἰς εὐφροσύνην hat vielleicht לשמחה gelesen (Segal), vgl. 30_{22a} 31_{27d} Gen 31_{27} Num 10_{10} Dtn 28_{47} usw. H^B(M) שמחה = Gr εὐφροσύνη.

Syr geht völlig eigene Wege, ist aber mit ותחדא anscheinend von Gr(La) εἰς εὐφροσύνην abhängig.

27. 6_{35a} H^A כל שיחה תפוץ לשמע
$_{35b}$ ומשל בינה אל יצאך
6_{35a} H^C כל שיחה תפוץ לשמוע
$_{35b}$ ומשל בינה אל יצאך
Gr πᾶσαν διήγησιν θείαν θέλε ἀκροᾶσθαι,
καὶ παροιμίαι συνέσεως μὴ ἐκφευγέτωσάν σε
La *ut omnem narrationem Dei possis audire*
et proverbia laudis non effugiant te
Syr כל שועיתא הוית צבא למשמע
ומתלא דחכימא לא נפלטונך

Gr(La) ἐκφευγέτωσάν σε Syr נפלטונך übersetzen H^AC יצאך, vgl. Prov 12_{13} M ויצא Gr ἐκφεύγει δέ Syr פלט T פליט V *effugiet autem*[84]). Gr[575] διήγησιν θέλε und Gr[545] καὶ παροιμία sind Korrekturen nach H. La *narrationem Dei* entspricht Dam. p. 12 Arm διήγησιν θεοῦ. La *proverbia laudis* beruht auf dem Fehler παροιμίαι αἰνέσεως (Herkenne)[85]).

Syr ומתלא דחכימא ist an 3_{29a} לבא חכימא נסתכל במתלא דחכימא; 38_{33e} ובמתלא דחכימא לא נסתכלון angeglichen.

28. 7_1 H^A אל תעש לך רעה ואל ישיגך רעה
7_1 H^C אל תעש רע [ואל] ישיגך רע
Gr μὴ ποίει κακά, καὶ οὐ μή σε καταλάβῃ κακόν
La *noli facere mala et non te adprehendent* (La^h + *mala*)
Syr לא תעבד דביש ולא נשכחך בישא

H^A לך] > Syr, dl; es «antecipiert den Sinn von b» (Smend).

La[h] *mala* entspricht Gr$^{L\ 46\ 421\ 429\ 547\ 575\ 603\ 679\ 797}$ Dam. p. 1521 Anton. p. 792 κακά.

29. 7_2 H^A הרחק מעון ויט ממך
7_2 H^C רחק מעון [ויט] ממך
Gr ἀπόστηθι ἀπὸ ἀδίκου, καὶ ἐκκλινεῖ ἀπὸ σοῦ
La *discede ab iniquo et deficient mala abs te*
Syr ארחק מן בישא ונתרחק מנך

H^C überliefert die ältere, H^A die jüngere Textform, vgl. Ps 38_{22} 71_{12} M תרחק bzw. T תרחיק (T ארחיק = M הרחיק Ps 55_8 $88_{9.19}$ 103_{12}).
Gr(La) übersetzt die ältere Textform, vgl. Ex 23_7 Jes 59_9 Ps 22_{12} 35_{22} 38_{22} usw. M רחק = Gr ἀφιστάναι. Zu La *mala abs te* ist Gr$^{106-545-705txt}$ἀπὸ σοῦ κακία zu vergleichen.
Syr gibt die jüngere Textform wieder, vgl. 30_{23b} Gen 21_{16} 44_4 Ex 8_{24} (bis) 33_7 usw. H^B(M) הרחיק = Syr ארחק. Syr מן בישא entspricht Gr$^{C\ 336}$ ἀπὸ κακοῦ. Zur Übersetzung von H^{AC} ויט mit Syr ונתרחק ist 28_{8a} Gr ἀπόσχου ἀπὸ μάχης, καὶ ἐλαττώσεις ἁμαρτίας Syr ארחק מן הרתא ונתרחקון מנך חטהֿא zu vergleichen.

30. 7_{4a} H^A אל תבקש מאל ממשלת
4b וכן ממלך מושב כבוד
7_{4a} H^C אל תבקש מא[ל ממ]שלת
4b וכן כמלך מושב [כבוד]
Gr μὴ ζήτει παρὰ κυρίου ἡγεμονίαν
μηδὲ παρὰ βασιλέως καθέδραν δόξης
La *noli quaerere ab homine* (La^V *a Domino*) *ducatum*
neque a rege cathedram honoris
Syr לא תבעא מן קדם אלהא שולטנא
ומן מלכא מוהבתא דאיקרא

H^C כמלך] l c Gr(La) παρὰ βασιλέως ממלך; Dittographie (Peters, Segal): וכן.

Zum Nebeneinander von H^{AC} מאל und Gr παρὰ κυρίου ist 3_{16b} H^C אל Gr ὑπὸ κυρίου Gr$^{O\ l}$ ὑπὸ (Gr^l ἀπὸ) θεοῦ La *a Deo* zu vergleichen[86]). La *ab homine* ist correctio pia. Die ursprüngliche Lesart, *a Deo*, wird allein von Spec. bezeugt[87]).
Syr ומן מלכא entspricht Gr^{339} καὶ παρὰ βασιλέως. Syr מוהבתא ist entweder aus מותבא verschrieben (Smend, Segal) oder durch Kontamination mit 38_{2b} ומן מלכא נסב מוהֿבתא entstanden (Ryssel[88]).

31. 7_{6a} H^A אל תבקש להיות מושל
6b אם אין לך חיל להשבית זדון
7_{6a} H^C אל תבקש להיות
6b אם אין לך חיל להשבית זדון

Gr μὴ ζήτει γενέσθαι κριτής,
μὴ οὐκ ἰσχύσεις ἐξᾶραι ἀδικίας

La *noli quaerere fieri iudex*
nisi valeas virtute inrumpere iniquitates

Syr לא תבעא למהוא דינא
אלא אן אית[89] בך חילא למבטלו עולא

H^C להיות] l vel c H^A להיות מושל vel potius c Gr(La Syr) γενέσθαι κριτής להיות שופט (Smend, Box-Oesterley, Segal, Harṭōm); Ausfall beim Übergang von fol. 2a zu 2b[90]).

Arm Chr. XI 673 Anton. p. 1017.1029 εἰ μή La *nisi* und $Gr^{46\ 694}$ $Spec.^{ap}$ Syh $verss.^{p}$ Chr. XI 673 Anton. p. 1017 ἀδικίαν La^{Am} *iniquitatem* sind Korrekturen nach H. La *valeas* entspricht $Gr^{O-V\ L'\ (exc\ 248)}$ ^{a} alii ἰσχύσῃς..

Syr דינא ist von Gr(La) κριτής abhängig (Smend).

32. 7_{17a} H^A מאד מאד השפיל גאוה
17b כי תקות אנוש רמה[91]
7_{17a} H^C מאד מאד השפל גאוה
17b כי תקות אנוש לרמה

Gr ταπείνωσον σφόδρα τὴν ψυχήν σου,
ὅτι ἐκδίκησις ἀσεβοῦς πῦρ καὶ σκώληξ

La *humilia valde spiritum tuum*
quoniam vindicta carnis impii ignis et vermes

Syr טב טב אמך נפשך
מטל דחרתא דכלהון בנ̈נשא לרמתא הויא

H^A überliefert die ältere, H^C die jüngere Textform, vgl. Hi 25_6 אף כי־אנוש רמה bzw. Hi 17_{14} אמי ואחתי לרמה.

Gr(La) übersetzt die ältere Textform. Zur Wiedergabe von מאד מאד mit Gr(La) σφόδρα ist II Reg 10_4 Ez 37_{10} M מאד מאד = Gr σφόδρα und Gen $17_{2.20}$ Ez 16_{13} M במאד מאד = Gr σφόδρα zu vergleichen. La *spiritum tuum* (= τὸ πνεῦμά σου, vgl. 34_{14} 38_{23b} $39_{6b.28a}$ 43_{17b} $48_{12b.24b}$) beruht möglicherweise auf Korrektur nach der Lesart von Abot 4,4[92]). Ob Gr(La) ὅτι ἐκδίκησις «nur Deutung» ist (Smend)[93]), vgl. 12_{6b} H^A ולרשעים ישיב נקם Gr(La) καὶ τοῖς ἀσεβέσιν ἀποδώσει ἐκδίκησιν, oder ob es auf כי נקמת zurückgeht (Segal), vgl. Num $31_{2.3}$ Jdc 11_{36} II Sam 4_8 22_{48} usw. M נקמה = Gr ἐκδίκησις, läßt sich nicht ausmachen. La *carnis* (= Gr σαρκός) *impii* ist Dublette, deren erste Hälfte Korrektur nach der älteren Textform zu sein scheint, vgl. 33_{38c} H^E על כל אדם Syr על כלנש Gr ἐπὶ πάσῃ σαρκί La *super omnem carnem*. Zu Gr(La) πῦρ καὶ σκώληξ ist Jes 66_{24} (=M $9_{44.\ 46.48}$) Judith 16_{17} zu vergleichen. Aeth ^{ap} σκώληξ ist Korrektur nach der älteren Textform.

Syr gibt die jüngere Textform wieder. Zur Einfügung von Syr

כלהון ist 4_{18b} H^{A} מסתרי Syr כלהין כסִּיתי
5_{3b} H^{A} נרדפים Syr דכלהון עליבֿא
7_{34b} H^{A} אבלים Syr כל אבילא
12_{14a} H^{A} חובר Syr כל דמשתותף und
16_{24b} H^{A} ועל דברי Syr ולכל מלֿי usw. zu

vergleichen. Syr נפשך ist von Gr τὴν ψυχήν σου abhängig (Smend).

33. 7_{20a} H^{A} אל תדע באמת עובד אמת
20b וכן שוכר נותן נפשו
7_{20a} H^{C} אל תרע עבד עובד אמת
20b וכן שכיר נותן נפשו

Gr μὴ κακώσῃς οἰκέτην ἐργαζόμενον ἐν ἀληθείᾳ
μηδὲ μίσθιον διδόντα ψυχὴν αὐτοῦ

La *non laedas servum operantem in veritate*
neque mercennarium dantem animam suam

Syr לא תטרף לעבדא דפלח בקושתא
ואפלא[94]) לאגירא דמעמל[95]) נפשה

H^{A} תדע] l c Syr תרע תטרף (Segal, Harṭōm, Di Lella[96])); Verschreibung von ר zu ד[97]).

H^{A} באמת] l c Syr עבד לעבדא (Segal, Harṭōm); Korrektur für אמת gemäß I Sam 12_{24} ועבדתם אתו באמת, die עבד verdrängt hat (Smend).

A.A. Di Lella[98]) möchte darüberhinaus H^{A} שוכר in שכיר ändern. Dagegen spricht jedoch CD XI 12 אל ימרא איש את עבדו ואת אמתו ואת שוכרו בשבת, wo שוכר gleichfalls in der Bedeutung «Tagelöhner» vorkommt. Man wird daher annehmen dürfen, daß שוכר[99]) = שכיר nach der Analogie von חוכר = חכיר[100]) gebildet ist.

Gr(La Syr) ἐν ἀληθείᾳ lösen den adverbiellen Akkusativ H^{AC} אמת auf. Syr דמעמל נפשה beruht auf freier Wiedergabe von H^{AC} נותן נפשו (Smend, Segal).

34. 7_{21a} H^{A} עבד משכיל חבב כנפש
21b [וא]ל תמנע ממנו חפש
7_{21a} H^{C} עבד משכיל אהוב כנפש
21b אל תמנע ממנו חופש
7_{21a} $H^{Bl.2.4}$ עבד משכיל חביב כנפש[101])

Gr οἰκέτην συνετὸν ἀγαπάτω σου ἡ ψυχή,
μὴ στερήσῃς αὐτὸν ἐλευθερίας

La *servus sensatus dilectus quasi anima tua*
non defraudes illum libertate
neque inopem derelinquas illum

Syr עבדא חכימא אחביהי איך נפשך
ולא תכלא מנה חארותא

H^C überliefert die ältere, $H^{A\ Bl.2.4}$ die jüngere Textform, vgl. Cant 1_7 M שאהבה bzw. T עתידין למיתב (T חבב = M חבב Dtn 33_3)[102]. Zu H^C 7_{21a} H^A 7_{30a} אהוב ist Koh 3_8 לֶאֱהֹב; 1Q S I 3.9; 1Q H XVI 7 ולאהוב; CD VI 20 לאהוב zu vergleichen.

Gr(La) übersetzt die ältere Textform, wobei ἀγαπάτω σου ἡ ψυχή als freie Wiedergabe anzusehen ist. La *servus sensatus dilectus quasi anima tua* geht auf οἰκέτης συνετός ἀγαπητὸς ὡς (= H) ἡ ψυχή σου zurück (Herkenne), vgl. $Gr^{339\ 443\ 543\ 753\ 755}$ Syh $verss.^p$ ἡ ψυχή σου[103]). «Der Fehler entstand vielleicht dadurch, daß man אהוב als Part. Pass. verstand» (Smend). $Gr^{L(exc\ 248)-743\ a\ 46\ 155\ 157'\ 311\ 339\ 404'\ 443\ 542\ 547\ 575\ 613\ 753\ 755\ 785}$ Aeth Arm Dam. p. 1401 Anton. p. 1065 καὶ μή La^{CX} *et non* ist Korrektur nach der jüngeren Textform. La *neque inopem derelinquas illum* ist Zusatz gemäß Dtn 15_{13} Gr οὐκ ἐξαποστελεῖς αὐτὸν κενόν La *non enim dimittes eum vacuum* und Sir 29_{9b} Gr καὶ κατὰ τὴν ἔνδειαν αὐτοῦ μὴ ἀποστρέψῃς αὐτὸν κενόν La *et propter inopiam eius ne demittas illum vacuum.*

Syr gibt die jüngere Textform wieder.

35. 7_{23a} H^A בנים לך יסיר אותם
23b ושָׂא לָהֶב נשים בנעוריהם
7_{23a} H^C בנים לך יסר אותם
23b ושא להם בנעוריהם

Gr τέκνα σοί ἐστιν; παίδευσον αὐτὰ
καὶ κάμψον ἐκ νεότητος τὸν τράχηλον αὐτῶν

La *filii tibi sunt erudi illos*
et curva illos a pueritia illorum

Syr בנ̈א אית לך רדי אנון
וסב להון נשא בטליותהון

H^C להם בנעוריהם] l להם נשים בנעוריהם (Segal), vgl. Esr 9_{12} ובנתיהם אל-תשאו לבניכם; Ausfall durch Homoiteleuton.

«Gr stieß sich an St(ichus) II und ersetzte ihn durch κάμψον ἐκ νεότητος τὸν τράχηλον αὐτῶν = 30_{12} I» (Peters):[104]) H^B כיף ראשו בנערותו Gr^L Arm Anton. p. 1045 κάμψον τὸν τράχηλον αὐτοῦ ἐν νεότητι La *curva cervicem illius in iuventute.* Zum Nebeneinander von H^B ראש und Gr(La) τράχηλος ist Jes 58_5 M הלכף כאגמן ראשו Gr οὐδ' ἂν κάμψῃς ὡς κρίκον τὸν τράχηλόν σου zu vergleichen[105]). La *illos a pueritia illorum* entspricht Clem. αὐτὰ ἐκ νεότητος αὐτῶν. Gr^{743} ἐν νεότητι ist Korrektur nach H.

36. 7_{24a} H^A בנות לך נצור שארם
24b ואל תאיר אלהם פנים
7_{24a} H^C בנים לך נצור שאר[ם]
24b [ואל] תאר להם פנים

Gr θυγατέρες σοί εἰσιν· πρόσεχε τῷ σώματι αὐτῶν
καὶ μὴ ἱλαρώσῃς πρὸς αὐτὰς τὸ πρόσωπόν σου

La *filiae tibi sunt serva corpus illarum*
et non ostendas hilarem faciem tuam ad illas

Syr בנ̈תא אית לך טר בסרהין
ולא תנהר להין אפ̈יך

H^C בנים] l c Gr(La) θυγατέρες בנות (Segal); vertikale Dittographie: 7_{23a} H^{AC} בנים לך.

Zu H^A אלהם ist Num 6_{25} יאר יהוה פניו אליך; Ps 31_{17} האירה פניך על־עבדך; Dan 9_{17} והאר פניך על־מקדשך השמם zu vergleichen.

La *serva* ist Korrektur nach H. La *faciem tuam ad illas* entspricht Gr^{155} τὸ πρόσωπόν σου πρὸς αὐτάς.

37. 7_{25a} H^A הוצא בת ויצא עסק
$_{25b}$ ואל נבון גבר חברה
7_{25a} H^C הוציא [ב]ת ויצא עסק
$_{25b}$ ואל ג[בר] נבון זבדה

Gr ἔκδου θυγατέρα, καὶ ἔσῃ τετελεκὼς ἔργον μέγα,
καὶ ἀνδρὶ συνετῷ δώρησαι αὐτήν

La *trade filiam et grande opus feceris* (La^{pc} pr *per-*)
et homini sensato da illam

Syr אפק ברתא ונפוק עשוקיא
ולגברא דין דתכים[106] הביה

H^A נבון גבר] l גבר נבון; Umstellung von Wörtern.

H^C überliefert die ältere, H^A die jüngere Textform, vgl. Gen 30_{20} M זבדני אלהים אתי זבד טוב bzw. Sir 12_{14a} H^A כן חובר אל אשת זדון[107]).

Gr(La) übersetzt die ältere Textform, vgl. Gen 30_{20} δεδώρηταί μοι, Syr הביה ist nach Gr(La) δώρησαι αὐτήν korrigiert, vgl. Arab *tuzawwiǧhunna* (illas matrimonio conjungas). Gr(La) καὶ ἔσῃ τετελεκώς beruht auf freier Wiedergabe (Smend)[108]). Gr(La) μέγα ist Zusatz gemäß 40_{1a} H^B עסק גדול (Smend, Segal). Zum Nebeneinander von Gr ἀνδρί und La *homini* ist 9_{18a} 10_{5a} 13_{16b} $15_{7b.12b}$ 16_{12b} usw. zu vergleichen.

Syr עשוקיא hat עשק gelesen (Smend, Segal), vgl. Jes 54_{14} Jer 22_{17} Koh 7_7 M עשק = Syr עשוקיא. Das Variantenpaar עסק // עשק findet sich auch 11_{10a} H^{ABmg} עשקך H^B [עו]שקך Gr αἱ πράξεις σου La *actus tui* Syr (11_{9b}) טלומיך (11_{10a}) בישתך. Syr דתכים (δέ =) ולגברא דין ist von Gr^{421} ἀνδρὶ δὲ συνετῷ abhängig.

Zusammenfassung

Von den 37 Stichen und Distichen, die in H^A und H^C parallel überliefert sind, bieten 17[109]), wenn man von geringfügigen Unterschieden in der Plene- und Defektivschreibung und in der Verwendung der Präpositionen sowie von gelegentlichen Lese- und Schreibfehlern[110]) absieht, in beiden Handschriften denselben Text. In den verbleibenden 20 Halbversen und Versen[111]) weisen die Lesarten von H^A und H^C erhebliche Differenzen auf, die sich nur durch die Annahme erklären lassen, daß in ihnen zwei verschiedene Formen des hebräischen Sirach-Textes vorliegen.

Läßt man 15. zunächst außer Betracht, weil es sich dort nicht nur um Parallelüberlieferung der Handschriften A und C, sondern auch um eine Dublette innerhalb des Codex A handelt, so ist festzustellen, daß H^A in vier Fällen[112]) die ältere und in 15 Fällen[113]) die jüngere Textform bezeugt, während umgekehrt H^C in 15 Fällen[113]) die ältere und nur in vier Fällen[112]) die jüngere Textform tradiert. In drei [114]) der zuletzt genannten vier Fälle läßt es sich wahrscheinlich machen, daß H^C (bzw. seine Vorlage) nach Parallelstellen des Alten Testaments korrigiert ist. Im vierten[115]) ist die Möglichkeit nicht von der Hand zu weisen, daß H^C von der bislang nur im Midr Konen[116]) greifbaren jüdischen Tradition beeinflußt ist.

Von daher erklärt sich auch 15. Hier überliefert H^A zunächst die jüngere אל תאמר רחום י׳׳י וכל עונותי ימחה, sodann die ältere Textform ואמרת רחמיו רבים לרוב עונותי יסלח. H^C ואמרת רבים רחמיו לרוב עוונותי יסלח unterscheidet sich von der älteren Textform nur dadurch, daß er in רבים רחמיו nach II Sam 24_{14} = I Chr 21_{13} כי רבים רחמיו geändert ist.

Eine derartige literarische Beeinflussung findet sich einmal[117]) auch dort, wo H^C ganz zweifellos die ältere Textform bezeugt. In dem Distichon טובה היה ממהר בשמועה טובה ובארך רוח ענה תענה נכונה sind טובה und נכונה Zusätze gemäß Prov 15_{30} 25_{25} (ו)שמועה טובה bzw. Ps 5_{10} כי אין בפיהו נכונה und Hi $42_{7.8}$ כי לא דברתם אלי נכונה.

Aber auch abgesehen davon ist H^C kein treuer Zeuge der älteren Textform. Denn an drei Stellen[118]) zeigt seine Sprache deutliche Spuren sekundärer «Mischnisierung» und an drei weiteren Stellen[119]) lassen sich einwandfrei tendenziöse Änderungen nachweisen.

Wie bei den Dubletten der Handschrift A verhält sich auch in der Parallelüberlieferung der Handschriften A und C die ältere zu der jüngeren Textform wie der masoretische Text des Alten Testaments zu den jüdisch-aramäischen Übersetzungen[120]) (Targum Onkelos, Targum Jonathan, Targum Jeruschalmi I und Hagiographentargum) und zu den klassischen jüdischen Kommentaren des Mittelalters[121]) (Raschi, Ibn Esra und Levi ben Gerson). Von den vier Arten sprachlicher Interferenz, die bei den Dubletten der Handschrift A zur Umgestaltung der älteren in die jüngere Textform geführt hatten, finden sich hier allerdings nur zwei, die «Lehnübersetzung»[122]) und die «gekoppelte Lehnübersetzung»[123]). Dafür aber sind in der jüngeren Textform der von H^A und H^C parallel überlieferten Stichen und

Distichen eine Reihe mischnisch-hebräischer Wendungen[124]) festzustellen.

Gr übersetzt stets die ältere Textform, hat also anscheinend die jüngere noch nicht gekannt. La folgt ihm außer in 6., wo aber La^{V}, Cypr.[125]) und Aug.[126]) die ältere Textform wiedergeben.

Mit Ausnahme von 6. und 8. setzt Syr überall bereits die jüngere Textform voraus. Das gilt auch für 18. und 37., wo Syr nur scheinbar die ältere Textform wiedergibt, in Wirklichkeit aber von Gr abhängig bzw., wie Arab zeigt, nach Gr korrigiert ist. In 1., 2., 3., 4., 5., 7., 11., 12., 13., 19., 21., 22., 29., 32. und 34. übersetzt er die jüngere Textform. In 15. verbindet er den ersten Stichus der jüngeren und den zweiten der älteren Textform zu einem Distichon, um die Wiederholung zu vermeiden.

Das unterschiedliche Verhalten von Syr in 6. und 8. bzw. in 22. und 32., den vier Fällen, in denen H^{C} gegen die Regel die jüngere Textform tradiert, unterstreicht nur noch einmal das oben über den zwiespältigen Charakter von H^{C} als Textzeuge Ausgeführte.

Die aus der sogenannten zweiten griechischen Übersetzung (= GrII) stammenden Sonderlesarten sind teils Korrekturen nach dem hebräischen Text schlechthin[127]), teils solche nach der älteren[128]) oder der jüngeren Textform[129]). Dabei verdienen die Korrekturen in 21. besondere Beachtung; denn sie gestatten einen Einblick in die verschiedenen Stadien der Umgestaltung des hebräischen Sirach-Textes:

Gr ἐν ἀκροάσει σου — Gr$^{O\ 106-545}$ ἐν ἀκροάσει ἀγαθῇ
Gr$^{L-130-705-743}$ ἐν ἀκροάσει σου ἀγαθῇ
= H^{C} בשמועה טובה
Jc 1$_{19}$ (La) εἰς τὸ ἀκοῦσαι
= H^{A} (Syr) להאזין

Gr φθέγγου ἀπόκρισιν — Gr$^{O\ L-694-743}$ (La) φθέγγου ἀπόκρισιν ὀρθήν
= H^{C} ענה תענה נכונה
H^{A} (Syr) השב פתגם.

Gr ἐν ἀκροάσει σου (= בשמועה) und φθέγγου ἀπόκρισιν (= ענה תענה) überliefert die ältere Textform, H^{C} (Gr$^{O\ L'-743}$) בשמועה טובה und H^{C} (Gr$^{O\ L-694-743}$ La) ענה תענה נכונה die um Zusätze gemäß Prov 15$_{30}$ 25$_{25}$ bzw. Ps 5$_{10}$ Hi 42$_{7.8}$ erweiterte ältere Textform, während H^{A} (Syr Jc 1$_{19}$ La) להאזין und H^{A} (Syr) השב פתגם die jüngere Textform tradiert.

Zieht man auch hier aus den Beobachtungen zur *Textgeschichte* die entsprechenden Folgerungen für die *Textkritik* der von den Handschriften A und C parallel überlieferten Stichen und Distichen, so ergibt sich, daß für Emendationen der älteren Textform nur Gr und Gr II[130]) für solche der jüngeren nur Syr und Gr II[131]) herangezogen werden dürfen. Schwieriger liegen die Dinge bei den Halbversen und Versen, in denen beide Codices denselben Text bieten. Hier wird man jedoch in Anbetracht der Tatsache, daß im Normalfall H^A die jüngere und H^C die ältere Textform bezeugt, gut daran tun, Emendationen von H^A nur auf Grund von Syr und Gr II[132]) und solche von H^C nur auf Grund von Gr und Gr II[133]) vorzunehmen.

III. Die Parallelüberlieferung der Handschriften A und C

1) I. Lévi, bezeichnet H^C als H^D und umgekehrt.

2) Vgl. A. A. Di Lella, The Recently Identified Leaves, z. St. und E. Vogt, Novi textus, z. St. Nur kann Vogt sich nicht auf Syr berufen; denn Syr נצב ist Übersetzungswort für נטע, vgl. Gen 2_8 9_{20} 21_{33} Ex 15_{11} Lev 19_{23} usw. Gegen M.Ṣ. Segal, Additional Leaves (= Segal II) z. St.: תנץ.

3) Das umgekehrte Versehen 5_{13b} H^A מפלתו H^C מפליטו.

4) Vgl. Smend, a.a.O. XLIV, Peters, Segal, Segal II.

5) Innerhalb des alttestamentlichen Kanons kommt das hl. von נטע nur Jes 40_{24} vor.

6) Vgl. Smend, a.a.O. CXXVII.

7) Vgl. G. D. Kilpatrick, προσανοικοδομηθήσεται in Ecclus. iii.14, JThS 44(1943), 147f.

8) Gegen Smend, Segal, Segal II, Di Lella: תשכח.

9) Gegen Segal II: עונות.

10) Gegen Vogt: «Adde c. A ṣrh vel c. LXX ṣrtk».

11) Vgl. J. Ziegler, Lesarten, 484.

12) Vgl. Segal II: (עונות) ״ענ.הו״ וכמו ,עונך = ,כמו א ,״עוניך״ אולי במקורו היה בשורה 2. השינוי ל״הטאתיך״ הוא מיד סופר מעתיק לשם גיוון.

13) O. F. Fritzsche, Die Weisheit Jesus-Sirach's (Fritzsche-Grimm), 1859, z. St.: «'Αναμνησθ. es wird sich deiner erinnern, näml. Gott um dir zu helfen wegen der Rücksicht die du auf den Vater nahmst. Passiv läßt sich das Verbum nicht fassen, denn so würde ἀναμνησθήσῃ stehen, vgl. Ps 109_{14} u.s. zu 16_{15}».

14) «G 'In the day of thy affliction it shall remember thee'».

15) «'Dieu (litt.: il) se souviendra de toi' G».

16) Gegen Smend: «ἀναμνησθήσεται ist passivisch wie z.B. Ez. 3_{20}».

17) Vgl. Smend: «Lat. erleichternd: ....»

18) Gegen Smend, Segal, Segal II, J. Schirmann, Additional Leaves: קרח.

19) Vielleicht ist mit Segal II יסחוף zu lesen. Vgl. jüdisch-aramäisch I סחף «to sweep; to reject, to despise» (Jastrow).

20) S. unten 30.

21) J. C. Matthes, Bemerkungen zu dem hebräischen Texte Jesus Sirachs und seiner neuesten Übersetzung, ZAW 29 (1909), 162. Gegen Smend, Segal, Harṭōm: מקלה.

22) S. ferner J. Ziegler, Lesarten, 475.

23) Vgl. F. Delitzsch, a.a.O. 113 § 114a. — I. Lévi weist mit Recht darauf hin, daß מעט im rabbinischen Hebräisch mit ב konstruiert wird. Vgl. die Belege bei M. Jastrow, s.v.

24) Vgl. z.B. bSanh 17a ומיעטתם עצמיכם ; bḤul 60b ומעטי את עצמך.

25) S. unten IV. 54.

26) Vgl. Saadja, ספר הגלוי, 178: במופלא ממך אל תדרש במכוסה ממך אל תחקור.

27) Ein ähnlicher Fehler findet sich Ez $30_{12:12a}$ ביד רעים $_{12b}$ ביד זרים . Vgl. J. Herrmann, Ezechiel (KAT), 1924, 189; G. A. Cooke, The Book of Ezechiel (ICC), 1936 (Nachdruck 1951), 337.

28) Innerhalb des alttestamentlichen Kanons begegnet רז nur in den aramäischen Partien Dan $2_{18.19.27-30.47}$ (bis) 4_6. Vgl. aber Sir 8_{18a} 12_{11c} sowie 1Q S IX 18 ברזי פלא ; XI 5 מרזי פלאו; CD III 18 ברזי פלאו; 1Q H I 21 לרזי פלא; II 13 ברזי פלא; IV 27/28 ברזי פלאכה; VII 27 וברזי פלאכה; XI 10 וברזי פלאכה; XIII 2 וברזי פלאך; 1Q M XIV 14 ורזי נפלאותיכה und besonders 1Q S XI 19 להביט בעומק רזיכה ולהתבונן בכול נפלאותיכה.

29) A. Jellinek, Bet ha-Midrasch, II 1967[3], 34.

30) Vgl. J. Ziegler, Die hexaplarische Bearbeitung, 180; ders., Vokabel-Varianten, 177.

31) Vgl. J. Ziegler, Vokabel-Varianten, 185.

32) Gegen Smend: נפלא und Segal: קשה.

33) Vgl. Saadja, ספר הגלוי, 178 באשר הרשיתה התבונן לא יש לך עסק בנסתרות.

34) Vgl. jḤag 77c; bḤag 13a; Gen r 8; Midr Konen usw. במה שהורשית(ה) התבונן (ו)אין לך עסק בנסתרות.

35) Vgl. Koh 3_{22} במה שיהיה אחריו; Mur 43_6 כמה שעסת[י].

36) Gegen Segal: צוית(ש).

37) Gegen Segal II: נראה שהיא מקורית, כי היא ממשיכה את דרך הציורי של החרוז הקודם.

38) Gegen Segal: במכוסה.

39) Ein ähnlicher Fall 38_{24b} H[B] וחסר עסק הוא יתחכם Syr ודלא מפרק סריקתא הו נתחכם, vgl. 1T 5_{13} Gr καὶ περίεργοι Syr ונפרקן סרׂיקתא.

40) Gegen Segal: ס.״תוכלנא״, בטחון, כנראה שיבוש מן ״סוכלא״, בינה והבנה.

41) Vgl. F. Delitzsch, a.a.O. 93f. § 97a.

42) Vgl. F. Delitzsch, a.a.O. 110 § 107b.

43) Gegen Segal II: יותר טוב מן א:למכשוליך.

44) Gegen Segal II: יותר טוב מן א:על נפשך.

45) Der gleiche Fehler 8_{15b} $Gr^{O-V\ 694}$ τὰ (> Gr $^{O\ 694}$) κακά σου (Gr^{694} σοι) Gr^{rel} κατὰ σοῦ La *mala sua in te* dupl.; 13_{2a} Gr ὑπὲρ σέ La *super se*.

46) Vgl. F. Delitzsch, a.a.O. 103 § 103a.

47) Vgl. F. Delitzsch, a.a.O. 121 § 132f.

48) Der gleiche Fehler 40_{7a} Gr(La) ἐν καιρῷ σωτηρίας αὐτοῦ.

49) Vgl. Tanch ויחי 12 ד״א פחז ״פסעת על דת ״חללת בכורתך ״זר נעשית und Midr ha-gadol ד״א פחז. פסעת על דת, חבת בבכורתך, זר למתנותיך.

50) Vgl. H[M] ש]ואה ו[מתת.

51) Gegen Harṭōm: בתת.

52) Vgl. F. Delitzsch, a.a.O. 103 § 103a.

53) Vgl. J. Ziegler, a.a.O. 176. Die gleiche Korrektur 38_{1b} H[BBmg] אל Clem. ὕφιστος La *Altissimus* Syr אלהא Gr κύριος und 41_{4a} H[B] מאל H[M] מ[מאל]ה Gr^{631} παρὰ ὑψίστου Syr קדם אלהא Gr παρὰ κυρίου La *a Domino*.

54) Vgl. Saadja, ספר הגלוי, 176 ואל סליחה אל תבטח להוסיף עון על עון; Nissim, ספר מעשיות, 77 ובסליחה אל תבטח להוסיף עון על עון.

55) S. oben II.5.

56) Die gleiche Korrektur 3_{27b} H[A] עון על עון Gr ἁμαρτίαν ἐφ' ἁμαρτίαις Gr^{3C7} ἁμαρτίαν ἐφ' ἁμαρτίαν.

57) S. ferner 9_{2b} H[A] להדריכה Gr ἐπιβῆναι αὐτήν Syr למשלטותה La *ne ingrediatur*. Gegen Segal: ס. ל:ולא תוסיף.

58) Hinter 5_{4b}.

59) Syr[AL] דחׂובי.

60) Vgl. Saadja, ספר הגלוי, 177 ואמרתה רחמיו רבים לרוב עונותי יסלח; Nissim, ספר מעשיות, 77 ותאמר רחמיו רבים לרוב עונותי יסלח.

61) Vgl. 17_{29a} Gr ὡς μεγάλη ἡ ἐλεημοσύνη τοῦ κυρίου La *quam magna misericordia Dei* (La^V *Domini*) Syr מא סניאין רחמ̈והי דאלהא.

62) Gegen Peters, Segal: (ו)אל תאמר.

63) Vgl. jedoch 15_{19a} Gr καὶ οἱ ὀφθαλμοὶ αὐτοῦ Gr^46 542 καὶ οἱ ὀφθαλμοὶ κυρίου La *oculi Dei* (La^V *Domini*).

64) Vgl. Saadja, ספר הגלוי, 177; Nissim, ספר מעשיות, 77 כי רחמים ואף עמו ועל רשעים ינוח עזו.

65) Syr^A מטל ר̈חמא; Haplographie.

66) S. oben II.5.

67) Vgl. F. Delitzsch, a.a.O. 104 § 103b. — H^A 16_{11d} ist ינוח zu יניה verschrieben.

68) H^B אליו Syr קדם מריא. Gegen Segal: לפניו.

69) Vgl. J. Ziegler, a.a.O. 177f.

70) H^A תספה = Syr תאבד.

71) Syr^L בכל (= ἐν παντί).

72) Vgl. F. Delitzsch, a.a.O. 105 § 104a.

73) La *fers* = *fer*. Vgl. H. Rönsch, Itala und Vulgata, 1875², 294.

74) Der gleiche Fehler 3_{8a} La *patientia* La Σ T*C *sapientia*; 41_{2d} La *sapientiam* La^V *patientiam*.

75) Gegen Segal: לשמע.

76) Syr^AL ואלא.

77) Vgl. F. Delitzsch, a.a.O. 103 § 103a. — Siehe aber H. Bauer, Die hebräischen Eigennamen als sprachliche Erkenntnisquelle, ZAW 48 (1930) 74.

78) Vgl. Ps 93_1 M תמוט 11Q Ps^a טמוט. Das umgekehrte Versehen 3_{14b} H^Amg תנטע H^A תנתע.

79) Ein ähnlicher Fehler 10_{31b} Gr καὶ ὁ ἄδοξος La *et qui gloriatur*.

80) Zu H vgl. KAI 26 A III 1f. וב[עת ח]רש ש ובעת קצר ש; C IV 4–6 [ו]בעת חרש 1 ש ו[בעת קצר ש 1]. Gegen Segal: וכקוצר יותר טובה גרסת י:וכזורע.

81) Syr^A ובחרתה.

82) Syr^AL באחריתה.

83) Der gleiche Fehler 12_{15b} H^A תמוט 1 נמוט.

84) Gegen Lévi: «G. et S. ... supposent le verbe פלט 'échapper' au lieu de יצא» und Segal: י׳, ס:ימלטו ממך.

85) Der gleiche Fehler 50_{27a} Gr συνέσεως Gr^b αἰνέσεως.

86) S. oben 3.

87) Vgl. D. de Bruyne, Etude sur le texte latin de l'Ecclésiastique, R Bén 40 (1928), 39.

88) V. Ryssel, Die Sprüche Jesus', des Sohnes Sirach, in: E. Kautzsch, Die Apokryphen und Pseudepigraphen des Alten Testaments, 1900, 230–475, z. St..

89) Syr^A om.; Homoiarkton.

90) Vgl. Lévi: «Le copiste de D (= H^C) a oublié le mot qui suivait להיות parce qu'en cet endroit il tournait la page». Gegen Smend: «Auf Schwanken der Lesart weist auch wohl die Lücke in C hin».

91) Vgl. Abot 4_4 רבי לויטס איש יבנה אומר מאד מאד הוי שפל רוח שתקות אנוש רמה.

92) Vgl. jedoch 25_1 Gr* ἐν τρισὶν ἠράσθη ἡ ψυχή μου La *in tribus placitum est spiritui meo*.

93) Vgl. Peters: «'Εκδίκησις Gr (*vindicta* Lat) erklärt».

94) Syr^AL אפלא.

95) Syr^A דמעל.

96) A. A. Di Lella, The Hebrew Text of Sirach, 56.

97) Vgl. F. Delitzsch, a.a.O. 106 § 104b.

98) A.a.O., 57: שוכר «is most likely to be explained as an instance of a word in which *waw* and *yod* were confused».

99) «Tenant of land for rent payable in money, contrad(istinguished) to חכיר» (Jastrow).

100) «Tenant on a fixed rent payable in kind» (Jastrow).

101) Hinter 10_{24}.

102) Gegen Segal: חבב: ... יותר טוב מגרסת כ״י ג, אהוב.

103) La[CZ*] *servum sensatum* (La[Z*] *sapientem*) *dilige quasi animam tuam.*

104) Vgl. Smend: «Vielleicht hat Gr. absichtlich geändert, möglicher Weise ist er auch nach $30_{12.15}$ korrigiert» und Hamp: «G hat den Vers nach 30_{12a} umgearbeitet».

105) Gegen Segal: ערפם (או:צוארם) und Harṭōm: צוארם.

106) Syr[W] חכימא.

107) Vgl. ferner M 19_6 Gr ὃ οὖν ὁ θεὸς συνέζευξεν = H את אשר חבר האלהים. Gegen A. A. Di Lella, a.a.O. 58: «Scribal substitution for, or ... simple copyist's error of, זבד».

108) Gegen Segal: והוצאת.

109) S. oben 9., 10., 14., 16., 17., 20., 23., 24., 25., 26., 27., 28., 30., 31., 33., 35. und 36.

110) S. oben 9., 10., 16., 20., 23., 26., 28., 30., 31., 33., 35. und 36.

111) S. oben 1., 2., 3., 4., 5., 6., 7., 8., 11., 12., 13., 15., 18., 19., 21., 22., 29., 32., 34. und 37.

112) S. oben 6., 8., 22. und 32.

113) S. oben 1., 2., 3., 4., 5., 7., 11., 12., 13., 18., 19., 21., 29., 34. und 37.

114) S. oben 8., 22. und 32.

115) S. oben 6.

116) Vgl. H. L. Strack, Einleitung in Talmud und Midraš, 1920[5] (Nachdruck 1930), 222.

117) S. oben 21.

118) S. oben 1., 3. und 6.

119) S. oben 1., 7. und 9.

120) S. oben 1., 2., 3., 4., 5., 11., 12., 15., 19., 21., 29. und 34.

121) S. oben 4. und 12.

122) S. oben 2., 4., 5., 15., 21., 29. und 34.

123) S. oben 1., 2., 3., 11., 12., 15. und 19.

124) S. oben 1., 5., 7. und 21.

125) Vgl. Biblia Sacra, Prolegomena, XV: «Cetera praetermisimus, nisi quae ad textum primigenium ... attinent, id est lectiones a Cypriano, Pseudo-Cypriano vel Lucifero adlatas.»

126) Vgl. Biblia Sacra, a.a.O. XVII: «Inter omnia eminet testimonium Augustini Speculi (AU spe): ... AU spe optimam Vulgatam, nostrorum codicum familiis anteriorem, tradit.»

127) S. oben 14., 19., 20., 23., 24., 27., 31., 34., 35. und 36.

128) S. oben 1., 2., 3., 4., 13., 18., 21., 22. und 32.

129) S. oben 5., 6., 8., 12., 13., 15., 21., 22. und 34.

130) S. oben 1., 2., 3., 5., 13. und 21.

131) S. oben 1., 5., 8. und 19.

132) S. oben 9., 10., 23., 28. und 33.

133) S. oben 9., 10., 16., 20., 23., 30., 31. und 36.

IV. Die Parallelüberlieferung der Handschriften A und B

In den Handschriften A (= H^A) und B (= H^B) sind folgende Stichen und Distichen parallel überliefert: 10_{19}–11_{10} 15_1–16_7. Das Verhältnis der dadurch entstehenden Dubletten zueinander und zu den alten Versionen stellt sich wie folgt dar:

1. 10_{19a} H^A זרע נכבד מה זרע לאנוש
19b om.
19c om.
19d זרע נקלה עובר מצוה

10_{19a} H^B om.
19b om.
19c זרע נקלה מה זרע לאנוש
19d זרע נקלה עובר מצוה

Gr σπέρμα ἔντιμον ποῖον; σπέρμα ἀνθρώπου.
σπέρμα ἔντιμον ποῖον; οἱ φοβούμενοι κύριον.
σπέρμα ἄτιμον ποῖον; σπέρμα ἀνθρώπου.
σπέρμα ἄτιμον ποῖον; οἱ παραβαίνοντες ἐντολάς

La *semen hominum honorabitur hoc*
quod timet Dominum
semen autem hoc exhonorabitur hominum
quod praeterit mandata Domini

Syr זרעא יקירא מא דזריע לאנשא
זרעא יקירא מן דדחל לאלהא
זרעא יקירא מן דנטר פוקדנא
זרעא זלילא מא דזריע לאנשא
זרעא זלילא מן דלא עבד[1]) פוקדנא

In H^B $Gr^{C\ 307\ 443\ 575\ 672\ 743\ 755}$ ist 10_{19a}, in H^{AB} $Gr^{106-545\ 603}$ Or. II 265 10_{19b} und in H^A $Gr^{l(exc\ 705)\ 155\ 443c\ 534\ 575\ 755\ 785}$ Arm 10_{19c} durch Homoiarkton ausgefallen.

In H^A ist 10_{19c} זרע נקלה מה זרע לאנוש, in H^B 10_{19a} זרע נכבד מה זרע לאנוש und in H^{AB} 10_{19b} זרע נכבד ירא ה׳ zu ergänzen. Ob der anstelle von ה׳ einzusetzende Gottesname אל, אלהים oder י״י war, läßt sich nicht mit Sicherheit feststellen, wie nachstehende Tabelle zeigt:

	H		Gr	La	Syr
10_{19b}	H^{AB} om.		οἱ φοβούμενοι κύριον	*quod timet Dominum*	מן דדחל לאלהא
6_{16b}	H^{A}	ירא אל	καὶ οἱ φοβούμενοι κύριον	*et qui metuunt Dominum*	ואינא דדחל לאלהא
9_{15a}	H^{A}	נבון	συνετῶν	*in sensu*2)	
					מן דדחל לאלהא
10_{20b}	H^{AB}	וירא אלהים	καὶ οἱ φοβούμενοι κύριον	*et qui timent Deum*	ודדחל לאלהא
10_{24b}	H^{AB}	מירא אלהים	τοῦ φοβουμένου τὸν κύριον	*illo qui timet Deum*	למן דדחל לאלהא
15_{1a}	H^{AB}	ירא י״י	ὁ φοβούμενος κύριον	*qui timet Deum*	דדחל לאלהא
16_{4a}3)	H^{AB1}	ירא י״י			דדחל לאלהא
	H^{B2}	נבון	συνετοῦ	*sensato*	
26_{3b}	H^{C}	ירא יי	φοβουμένων κύριον	*timentium Deum*	דדחל מן מריא
32_{16a}4)	$H^{B1\ E1}$	ירא ייי	οἱ φοβούμενοι κύριον	*qui timent Dominum*	
	$H^{B2\ E2}$	יראי ייי			דחלוׂהי דאלהא
33_{1a}	H^{B}	ירא ייי	τῷ φοβουμένῳ κύριον	*timenti Dominum*	דדחל לאלהא

Gr ποῖον 2⁰ 4⁰ beruht auf Angleichung an 10_{19ac}. La *quod timet Dominum* und *quod praeterit mandata* entspricht Gr^{L} Arm II οἱ φοβούμενοι κύριον bzw. οἱ παραβαίνοντες ἐντολάς. La *Domini* ist Dublette zu *Dominum*. Die Auslassung von ποῖον 2⁰ in Gr^{46} Syh verss.^{p} und von ποῖον 4⁰ in Gr^{S*} Aeth Arm I, $Gr^{254\ 421}$ ὁ φοβούμενος La *quod timet*, Gr^{753} τὸν θεόν La^{V} *Deum* sowie La Arm I *quod praeterit* sind Korrekturen nach H.

Syr זרעא יקירא מן דנטר פוקדנא ist Dublette[5]) zu זרעא יקירא מן דדחל לאלהא und זרעא זלילא מן דלא עבד פוקדנא[6]).

2. 10_{20a} H^{A} בין אחים ראשם נכבד
   20b ויראי אלהים בע[יניו] [7])
   10_{20a} H^{B} בין אחים ראשם נכבד
   20b ויראי אלהים נכבד ממנו

Gr ἐν μέσῳ ἀδελφῶν ὁ ἡγούμενος αὐτῶν ἔντιμος,
καὶ οἱ φοβούμενοι κύριον ἐν ὀφθαλμοῖς αὐτοῦ

La *in medio fratrum rector illorum in honore*
et qui timent Deum erunt in oculis illius

Syr בית אחא קשישא מיקר
ודדחל לאלהא מיקר הו מנה

H^{A} überliefert die ältere, H^{B} die jüngere Textform. Gr(La) übersetzt die ältere Textform, während Syr die jüngere wiedergibt.

3. 10_{22a} H^{A} גר וזד נכרי ורש
   22b תפארתם יראת אלהים
   10_{22a} H^{B} גר זר נכרי ורש
   22b תפארתם יראת ײ
   22b H^{Bmg} ביר[8])

Gr πλούσιος καὶ ἔνδοξος καὶ πτωχός,
τὸ καύχημα αὐτῶν φόβος κυρίου

La *gloria divitum honoratorum et pauperum*
timor Dei est

Syr תותבא נוכריא[9]) דמסכין ועייקא לה
תשבוחתה בדחלתה דאלהא

H^{A} וזד] l וזר (Smend, Peters, Segal, Harṭōm); Verschreibung von ר zu ד[10]).

In 10_{22a} läßt sich die Vorlage der alten Versionen nicht mit Sicherheit ausmachen. Statt Gr(La) πλούσιος liest Sa *proselytus* (προσηλυτος) *et dives* (= πλούσιος) dupl., Syh *adsumptus* (Syh^{mg} *electus*: scholium) *ex gentibus* (= προσληπτὸς ἐκ λαῶν), vgl. 10_{21a} Syh $Gr^{L-694-743}$ προσλήψεως ἀρχὴ φόβος κυρίου, und statt Gr(La) ἔνδοξος Sa^{Th} *alienus* (= ξένος) *et honoratus* (= ἔνδοξος) dupl. Danach möchte J. Ziegler[11]) im Anschluß an R. Smend προσήλυτος καὶ ἄδοξος (melius ξένος) als ursprüngliche Lesart herstellen. Wahrscheinlich handelt es sich jedoch um Korrekturen von Gr II an Hand von H. Syr[AL] **אכסניא** wäre dann von Gr II ξένος abhängig[12]).

In 10_{22b} überliefern H[AB] die ältere, H[Bmg] die jüngere Textform, vgl. 25_{6b} Gr(La) καὶ τὸ καύχημα αὐτῶν φόβος κυρίου Syr **ודחלתה דאלהא תשבוחתהון** bzw. 9_{16b} **וביראת אלהים תפארתך**. Zum Nebeneinander von H[A] **יראת אלהים** und H[B] **יראת ייי** ist 15_{13a} H[A] **י״י** H[B] **אלהים** zu vergleichen.

Gr(La) übersetzt die ältere Textform, während Syr die jüngere wiedergibt. Zum Problem der Übersetzung des Gottesnamens in der Verbindung **יראת ה׳** siehe nachstehende Tabelle.

4. 10_{23a} H[A] — **אין לבזות דל משכיל**
23b — **ואין לכבד כל איש [ח]כם**
10_{23a} H[B] — **אין לבזות דל משכיל**
23b — **ואין לכבד כל איש חמס**

Gr οὐ δίκαιον ἀτιμάσαι πτωχὸν συνετόν,
καὶ οὐ καθήκει δοξάσαι ἄνδρα ἁμαρτωλόν

La *non despicere hominem iustum pauperem*
et non magnificare virum peccatorem divitem

Syr **לית למצערו למסכנא זדיקא**
ואפלא[13]) **למיקרו לעתירא עולא**

H[A] **[ח]כם**] l c Gr(La Syr) ἁμαρτωλόν **חמס** (Smend, Peters, Segal II, Harṭōm)[15]), vgl. 15_{12b} H[AB] **באנשי חמס** = Gr ἀνδρὸς ἁμαρτωλοῦ Syr **בברנשא עולא**.

La *non despicere hominem iustum pauperem* und Syr **לית למצערו למסכנא זדיקא** entsprechen Gr[L(exc 248)] οὐ δίκαιον ἀτιμάσαι πτωχόν (Smend)[16]). Ebenso ist für La *et non magnificare virum peccatorem divitem* und Syr **ואפלא למיקרו לעתירא עולא** eine im wesentlichen gemeinsame griechische Vorlage anzunehmen:
La καὶ οὐ δοξάσαι ἄνδρα (> Gr[578 603] Sa[Th] Max. p. 1009)
ἁμαρτωλὸν πλούσιον,
Syr καὶ οὐ δοξάσαι πλούσιον ἁμαρτωλόν. Zum Nebeneinander von **איש** und **עשיר** sind 10_{30b} 31_{8a} und Prov 19_{22} zu vergleichen:

10_{30b}	H[A]		**ויש איש** [17])
	H[B]		**ויש איש עשיר**
	Gr καὶ πλούσιος	=	**ו עשיר**
	La *et est homo*	=	**ויש איש**
	La[ΨD] *est homo*	=	**יש איש**
	La[CΘH Z*] *et dives homo*	=	**ו איש עשיר**
	La[X] *vir autem dives*	=	**ו איש עשיר**
	Syr **ואית עתירא**	=	**ויש עשיר**
31_{8a}	H[B]		**איש**
	Gr πλούσιος	=	**עשיר**
	Gr[336] Antioch. p. 1457 ἄνθρωπος	=	**איש**
	La *dives*	=	**עשיר**

H(M)	Gr	La(V)	Syr	T
9_{16b} H^{A} וביראת אלהים	καὶ ἐν φόβῳ κυρίου	*et in timore Dei*	ובדחלתה דאלהא	
10_{22b} H^{B} יראת אלהים		*timor Dei*		
H^{B} יראת ייי	φόβος κυρίου			
H^{Bmg} ביר			בדחלתה דאלהא	
16_{2b} H^{AB} יראת י״י	φόβος κυρίου	*timor Dei*	בדחלתה דאלהא	
32_{12b} H^{B} ביראת אל	καὶ μὴ ἁμάρτῃς	*et non in delictis*	בדחלתה דאלהא	
40_{26b} H^{B} יראת אלהים	φόβος κυρίου	*timor Domini*	דחלתה דאלהא	
40_{26c} H^{B} ביראת ייָי	ἐν φόβῳ κυρίου	*in timore Domini*	בדחלתה דאלהא	
40_{27a} H^{B} יראת אלהים	φόβος κυρίου	*timor Domini*	דחלתה דאלהא	
50_{29b} H^{B} יראת ייי	φῶς[14]) κυρίου	*lux Dei*	דדחלתה דאלהא	
Hierher gehören auch:				
6_{37a} H^{A} ביראת עליון	ἐν τοῖς προστάγμασιν κυρίου	*in praeceptis Dei*	בדחלתה דאלהא	
9_{15b} H^{A} בינותם	ἐν νόμῳ ὑψίστου	*in praeceptis Altissimi*	בדחלתה דמריא	

Daß es sich an den beiden letztgenannten Stellen nicht um textgeschichtliche Zufälligkeiten handelt, zeigt

Prov 14_{27a} M יראת יהוה	πρόσταγμα κυρίου	*timor Domini*	דחלתה דמריא	דחלתא דאלהא

La[Tx] Miss. Rom. *vir* = איש
Brev. 1182 *vir dives* = איש עשיר
Syr לעתירא = עשיר

Prov 19_{22} מאיש
Gr ἢ πλούσιος = מ עשיר
Syr מן גברא עתירא = מאיש עשיר
T מן גברא = מאיש
V *quam vir* = מאיש

5. 10_{24a} H[A] [שר ו]מושל ושופט נכבדו
$_{24b}$ ואין גדול מירא אלהים
10_{24a} H[B] שר שופט ומושל נכבדו
$_{24b}$ וא[ין] גד[ול מירא אלהים]

Gr μεγιστὰν καὶ κριτὴς καὶ δυνάστης δοξασθήσεται,
καὶ οὐκ ἔστιν αὐτῶν τις μείζων τοῦ φοβουμένου τὸν κύριον

La *magnus*[18]) *est iudex et potens est in honore*
et non est maior illo qui timet Deum

Syr רבא ושליטא ודינא יקר
ולית דרב מן מן דמיקר למן דדחל לאלהא

H[B] überliefert die ältere, H[A] die jüngere Textform.

Gr(La) übersetzt die ältere Textform. Gr[46] μεγιστὰν κριτής La *magnus est iudex* ist Korrektur nach der älteren, Gr[672] μεγιστὰν καὶ δυνάστης καὶ κριτής nach der jüngeren Textform. Gr[O L–694–743 753] verss.[p] δοξασθήσονται Gr[603] θαυμασθήσονται[19]) sowie die Auslassung von αὐτῶν und τις in Gr[358 543 743] bzw. Gr[a 336] sind Korrekturen nach H.

Syr gibt die jüngere Textform wieder. Syr מן מן דמיקר למן דדחל **לאלהא** ist Dublette[20]), vgl. 10_{27b} H[AB] ממתכבד Syr מן מן דמתיקר.

6. 10_{25a} H[A] עבד משכיל הורם
$_{25b}$ ועבד [נו]ס[ר] לא יתאונן
7_{21a} H[B1] עבד משכיל חביב כנפש[21])

7_{21a} H[B2] עבד משכיל חביב כנפש[21])
7_{21a} ע[ ][21])
10_{25a} H[B3] עבד משכיל חורים יעבדוהו
$_{25b}$ וגב[ר משכיל לא יתאונן]
7_{21a} H[B4] עבד משכיל חביב כנפש[21])
10_{25b} וגבר מש[כיל לא יתאונן]

Gr οἰκέτῃ σοφῷ ἐλεύθεροι λειτουργήσουσιν,
καὶ ἀνὴρ ἐπιστήμων οὐ γογγύσει

La *servo sensato liberi servient*
et vir prudens disciplinatus non murmurabit correptus
et inscius non honorabitur

Syr לעבדא חכימא חאֿרא נפלחוניהי[22]
וגברא סכולתנא כד מתרדא לא נתרעם[23]

H^A הורם ועבד] l c Gr^{694} (Syr^{MW}) ἐλεύθεροι λειτουργοῦσιν αὐτῶν (l αὐτόν), καὶ ἀνήρ חורים יעבדוהו וגבר; Verschreibung von ח zu ה[24]) und von י zu ו[25]) sowie Ausfall durch Homoioteleuton infolge Verwechslung von ד und ר[26]).

$H^{B3.4}$ überliefert die ältere, H^A die jüngere Textform, vgl. Am 5_{13} M השכיל bzw. T אלף (T אלף = M נוסר Jer 31_{18}) und Ps 2_{10} M השכילו הוסרו.

Gr(La) übersetzt die ältere Textform, vgl. 47_{12b} Dan 1_4 H^B(M) משכיל = Gr ἐπιστήμων. $Gr^{S^*\ O-V\ L'-694\ 46\ 307\ 336\ 421\ 443\ 753}$ Dam. p. 1401 Anton. p. 1065 συνετῷ La *sensato*[27]) und Gr^{694} λειτουργοῦσιν αὐτῶν (l αὐτόν) sind Korrekturen nach H, $Gr^{O\ L-672-694-743\ 753\ 768}$ γογγύσει παιδευόμενος La *murmurabit correptus*, vgl. Lev 26_{23} Jer 6_8 31_{18} Ps 2_{10} Prov 29_{19} M נוסר = Gr παιδεύεσθαι, ist Korrektur nach der jüngeren Textform. La *prudens disciplinatus* (= ἐπιστήμων[28])) ist Dublette, La *et inscius non honorabitur* erklärende Glosse zu 10_{23b} (Peters).

Syr סכולתנא כד מתרדא ist von $Gr^{O\ L-672-694-743\ 753\ 768}$ ἐπιστήμων . . . παιδευόμενος La *disciplinatus* . . . *correptus* abhängig. Syr^{AL} נפלחון ist nach Gr(La) λειτουργήσουσιν korrigiert.

7. 10_{26a} H^A אל תתחכם לעבד חפצך
$26b$ ואל תתכב[ד במו]עד צרכך
10_{26a} H^B אל תתחכם לעשות חפצך
$26b$ ואל תתכב[ד במועד צרכך]
10_{26a} H^{Bmg} [ד]רכך

Gr μὴ σοφίζου ποιῆσαι τὸ ἔργον σου
καὶ μὴ δοξάζου ἐν καιρῷ στενοχωρίας σου

La *noli te extollere in faciendo opere tuo*
et noli cunctari in tempore angustiae

Syr לא[29]) תתחבנן[30]) למעבד עבדך
ולא תתיקר בעדנא דצריכותך

H^B לעשות und H^{Bmg} דרכך stellen die ältere, H^A לעבד und H^{AB} חפצך die jüngere Textform dar, vgl. Gen 2_3 11_6 (bis) $18_{7.19}$ 19_{22} usw. M לעשות bzw. T^{OJ} למעבד und Jes 28_{21} M לעשות מעשהו זר מעשהו ולעבד עבדתו נכריה עבדתו sowie Jes 58_{13} M עשות חפציך . . . מעשות דרכיך.

Gr(La) übersetzt die ältere Textform, vgl. 10_{6b} Hi 34_{21} 36_{23} H^A(M) דרך = Gr ἔργον[31]). La *te extollere* (= δοξάζου) . . . *cunctari* (=χρόνιζε/χρονίζου: Smend, Peters) vertauscht die Verben der beiden Stichen. La *angustiae* entspricht $Gr^{la-534'\ 68-744\ 443\ 795}$ στενοχωρίας.

Syr לא תתחבנן למעבד עבדך ist von der griechischen Vorlage von La* *noli cunctari in faciendo opere tuo* (= μὴ χρόνιζε/χρονίζου ποιῆσαι τὸ ἔργον σου) abhängig (Smend).

8. 10_{27a} H^A טוב עובד ויותר הון
$27b$ ממתכבד [ות]ס[ר] מתן
10_{27a} H^B טוב עובד ויותר הון
$27b$ ממתכבד [ותסר מתן]

Gr κρείσσων ἐργαζόμενος καὶ περισσεύων ἐν πᾶσιν
ἢ περιπατῶν δοξαζόμενος καὶ ἀπορῶν[32] ἄρτων

La *melior est qui operatur et abundat in omnibus*
quam qui gloriatur et eget panem

Syr טבו גיר[33] דפלח ויתיר ממונא
מן מן דמתיקר וחסיר ממונא[34]

H^AB מתן] l c Syr^LW מזון מזונא (Smend, Peters, Box-Oesterley, Segal, Hamp, Vogt, Di Lella); Verschreibung von זו zu ת.

Zum Nebeneinander von H^AB ויותר הון Syr ויתיר ממונא und Gr καὶ περισσεύων ἐν πᾶσιν La *et abundat in omnibus* ist 11_{12b} H^A חסר כל Syr וחסיר כל bzw. Gr ὑστερῶν ἰσχύι La *deficiens virtute* zu vergleichen. Gr ἢ περιπατῶν δοξαζόμενος (= ממתהלך מתכבד) ist Dublette. Gr^S *O–V* *L*–315'–694–743 358 679 Arm(II) Dam. p. 401 Anton. p. 1120 ἢ δοξαζόμενος La *quam qui gloriatur* und Gr^*O* *L'*–694–743 *a*–534' 155 336 421 603 679 797 verss. Dam. Anton. ἄρτου La *panem* sind Korrekturen nach H.

Syr^LM גיר (= טב הו) טבו ist von Gr^248*b* Sa κρείσσων (Gr^248 κρεῖσσον) γάρ abhängig.

Der ursprüngliche Text von 10_{27b} scheint sich in Gr(La) καὶ ἀπορῶν ἄρτων = Prov 12_{9b} וחסר־לחם (ממתכבד) erhalten zu haben (Lévi, Box-Oesterley)[35]), vgl. II Sam 3_{29} Jes 51_{14} Am 4_6 M לחם bzw. T מזונא (T מזונא = M מזון II Chr 11_{23}). Im alttestamentlichen Kanon findet sich מזון außer an der unsicheren Stelle Gen 45_{23} nur noch II Chr 11_{23} und in den biblisch-aramäischen Versen Dan $4_{9.18}$.

9. 10_{28a} H^A בני בענוה כבד נפשך
$28b$ ויתן לך ט[עם] כיוצא בה
10_{28a} H^B בני בענוה כבד נפשך
$28b$ ותן לה טעם כיוצ[א בה]

Gr τέκνον, ἐν πραΰτητι δόξασον τὴν ψυχήν σου
καὶ δὸς αὐτῇ τιμὴν κατὰ τὴν ἀξίαν αὐτῆς

La *fili in mansuetudine serva animam tuam*
et da illi honorem secundum meritum suum

Syr ברי בענויותא יקר נפשך
והבלה טעמא איך מא דמתבעא לה

H^A ויתן] l c Gr(La Syr) καὶ δός ותן (Smend, Peters, Segal, Harṭōm); Dittographie unter Verschreibung von ו zu י[36]).

H^A לך] l c Gr(La Syr) αὐτῇ לה (Smend, Peters, Segal, Hamp, Harṭōm)[37]).

La *serva* wird aus 37_{8a} Gr ἀπὸ συμβούλου φύλαξον τὴν ψυχήν σου La *a consiliario serva animam tuam* eingedrungen sein. Gr(La) τιμήν ist des Wortanklangs wegen gesetzt (Smend, Peters, Segal)[38]).

10. 10_{29a} H^A מרשיע נפשו מי יצדיקנו
29b ומי יכבד מקלה נפשו
10_{29a} H^B בני מרשיע נפשו מי יצדיקנו
29b ומי יכבד מ[ק]לה נפשו]

Gr τὸν ἁμαρτάνοντα εἰς τὴν ψυχὴν αὐτοῦ τίς δικαιώσει;
καὶ τίς δοξάσει τὸν ἀτιμάζοντα τὴν ζωὴν αὐτοῦ;

La *peccantem in animam suam quis iustificabit*
et quis honorificabit exhonorantem animam suam

Syr ברי מן דמחיב נפשה מנו נזכיוהי
או מנו מיקר[39]) למן דמזל נפשה

H^A überliefert die ältere, H^B die jüngere Textform, vgl. 19_{4b} Gr καὶ ὁ ἁμαρτάνων εἰς ψυχὴν αὐτοῦ πλημμελήσει Syr (Syr^{AW} דמחטא) דמחיב נפשה מנו נזכיוהי bzw. 10_{28a} H^{AB} בני בענוה כבד נפשך (vertikale Dittographie).

Gr(La) übersetzt die ältere Textform. Gr^{753*} Aeth τὴν ψυχὴν αὐτοῦ La *animam suam* 2^0 ist Korrektur nach H.

Syr gibt die jüngere Textform wieder. Syr או מנו entspricht La^X *aut quis*. Zum Nebeneinander von H^{AB} ומי . . . מי und Syr או מנו . . . מנו ist Jes 29_{15} M ומי . . . מי Syr ^{MU} או מנו . . . מנו zu vergleichen.

11. 10_{30a} H^A יש דל נכבד בגלל שכלו
30b ויש נכבד בגלל עשרו
10_{30a} H^B דל[40]) נכבד בגלל שכלו
30b ויש איש עשיר נכבד בגלל [עשרו]

Gr πτωχὸς δοξάζεται δι' ἐπιστήμην αὐτοῦ,
καὶ πλούσιος δοξάζεται διὰ τὸν πλοῦτον αὐτοῦ

La *pauper gloriatur per disciplinam et timorem suum*
et est homo qui honorificatur propter substantiam suam

Syr אית מסכנא דמתיקר מטל חכמתה
ואית עתירא דמתיקר מטל עותרה

H^A ויש] l c La *et est homo* ויש איש, vgl. 10_{23b} 31_{8a} Prov 19_{22}; Ausfall durch Homoioteleuton[41]).

In 10_{30a} überliefert H^B die ältere, H^A die jüngere Textform.

Gr(La) übersetzt die ältere Textform, während Syr die jüngere wiedergibt.

Zum Nebeneinander von איש und עשיר in 10_{30b} sind die zu 10_{23b} genannten Parallelstellen zu vergleichen[42]).

La *per disciplinam et timorem suum* entspricht Anton. p. 889 δι' ἐπιστήμην καὶ εὐλάβειαν dupl. Syr **ואית עתירא** ist von Gr(La) abhängig (Smend).

12. 10_{31a} H[A1] **נכבד בעשרו איככה**
$_{31b}$ **ונקלה בעיניו איככה**
10_{31a} H[A2] **המתכבד בדלותו בעשרו מתכבד יתר**
$_{31b}$ **והנקלה בעשרו בדלותו נקלה יותר**
10_{31a} H[B1] **הנכבד בעיניו בעשרו איככה**
$_{31b}$ **ונקלה בעשרו בעיניו איככה**
10_{31a} H[B2] **המתכבד בדלותו בעשרו מתכבד יתר**
$_{31b}$ **והנקלה בעשרו בדלותו נקלה יתר**
Gr ὁ δεδοξασμένος ἐν πτωχείᾳ, καὶ ἐν πλούτῳ ποσαχῶς;
καὶ ὁ ἄδοξος ἐν πλούτῳ, καὶ ἐν πτωχείᾳ ποσαχῶς;
La *qui gloriatur in paupertate quanto magis in substantia*
et qui gloriatur in substantia paupertatem vereatur
Syr **דמתיקר במסכנותה**[43]) **בעותרה**[44]) **חד כמא**
ודזליל במסכנותה בעותרה[45]) **חד כמא**

H[A1 B1] **בעיניו**] l c Syr **בעוניו במסכנותה** (Segal, Segal II, Harṭōm, Vogt, Di Lella)[46]); Verschreibung von ו zu י[47]).

H[A1] **בעשרו**] l c Syr **בעוניו בעשרו במסכנותה בעותרה** (Segal, Segal II, Harṭōm)[48]); Ausfall durch Homoiarkton.

H[A1] **בעוניו**] l c Syr[AL] **בעשרו בעוניו בעותרה במסכנותה** (Segal, Segal II, Harṭōm)[49]); Ausfall durch Homoiarkton.

H[B1] **הנכבד**] l **נכבד**; vertikale Dittographie: 10_{31a} H[B2] **המתכבד בדלותו בעשרו מתכבד יתר**.

H[A1 B1] überliefert die ältere, H[A2 B2] die jüngere Textform, vgl. Ex $14_{4.17.18}$ Lev 10_3 II Sam 6_{20} II Reg 14_{10} Jes 43_4 usw. M **נכבד** bzw. T **אתיקר** (T **אתיקר** = M **התכבד** Prov 12_9) sowie biblisch-hebräisch **בעוניו** und **איככה** bzw. mischnisch-hebräisch **בדלותו** und **י(ו)תר**.

Gr(La) Syr übersetzen die ältere Textform. Gr[O L(exc 248)−694] verss.[p] Anton. p. 889 ἐν πλούτῳ 1⁰ La *in substantia* 1⁰, Gr[307] καὶ ἐν πλούτῳ αὐτοῦ La[L T2] *in substantia sua* und Gr[B*−S* O−V L−672 358] Sa Anton. Mal. ἐν πτωχείᾳ 2⁰ La *paupertatem* sind Korrekturen nach der älteren Textform. La *quanto magis in substantia* entspricht Anton. ποσαχῶς ἐν πλούτῳ und La *qui gloriatur* Gr[S 336 534' 679] Anton. δοξαζόμενος. La *et qui gloriatur* geht auf καὶ ἔνδοξος zurück[50]).

Syr[MW] **במסכנותה בעותרה** 2⁰ ist von Gr[S V C a−534' c−404' 728 753] Sa Arm(II) ἐν πλούτῳ καὶ (> Gr[V] Sa) ἐν πτωχείᾳ abhängig (Smend).

13. 11_{1a} H[A] **חכמת דל תשא ראשו**
$_{1b}$ **ובין נדיבים תשיבנו**[51])
11_{1a} H[B] **חכמת דל תשא ראשו**
$_{1b}$ **ובין נד[י]ב[י]ם תושיבנו**[51])

Gr σοφία ταπεινοῦ ἀνυψώσει κεφαλὴν αὐτοῦ
καὶ ἐν μέσῳ μεγιστάνων καθίσει αὐτόν

La *sapientia humiliati exaltabit caput illius*
et in medio magnatorum consedere illum faciet

Syr חכמתה דמסכנא תרים רשה
ובינת שליטנא תותביוהי

14. 11_{2a} H^A אל תהלל אדם בתארו
2b ואל תתעב אדם מכ[וע]ר במראהו
11_{2a} H^B אל תהלל א[ד]ם בתוארו
2b ואל תתעב אדם מעזב[52] במראהו
11_{2b} H^{Bmg} מכֿוֹעָ[ר]
11_{2b} H^{Bmg} אל תתע[ב] אדם

Gr μὴ αἰνέσῃς ἄνδρα ἐν κάλλει αὐτοῦ
καὶ μὴ βδελύξῃ ἄνθρωπον ἐν ὁράσει αὐτοῦ

La *non laudes virum in specie sua*
neque spernas hominem in visu suo

Syr לא תשבח לברנשא דשפיר בחזוה
ולא תגנא לברנשא דסנא בחזוה

H^{Bmg} (ו)אל תתעב אדם überliefert die ältere, $H^{A\ Bmg}$ ואל תתעב אדם מכוער die jüngere Textform, vgl. Nah 3_6 ושמתיך כראי bzw. 4Q p Nah III 1f. ושמתיך כאורה und T ואשויניך מכערא לעיני כל חזך sowie David Kimchi zu Jes 53_2 ונראהו ולא מראה. והיינו רואים אותו ולא היה מראהו יפה אלא כעור ומשונה משאר בני אדם. H^B ואל תתעב אדם מעזב stellt eine Weiterbildung der jüngeren Textform dar, vgl. Gen r 45 מתכערת ומתעזבת.

Gr(La) übersetzt die ältere Textform, vgl. 25_{17a} 49_{8a} Gen 2_9 Jdc 13_6 (bis) Ez $1_{5.13.26.27}$ (quater)$._{28}$ (bis) usw. H(M) מראה = Gr ὅρασις. Gr[46] ἐν ἀοράσει αὐτοῦ Syh *in invisibilitate eius* Sa Aeth *in foeditate sua* sind Korrekturen nach der jüngeren Textform. La *neque* entspricht Chr. II 179 μηδέ.

Syr gibt die jüngere Textform wieder, vgl. 13_{22b} H^A מכוערין = Syr סניֿא. Syr דשפיר בחזוה beruht auf Angleichung an 11_{2b} Syr דסנא בחזוה.

15. 11_{3a} H^A אליל בעוף דברה
3b וראש תנובות פריה
11_{3a} H^{B1} קטנה בעוף דבורה
3b וראש תנובות פריה
11_{3a} H^{B2} אלול בעוף דבורה
3b וראש תנובות פריה

Gr μικρὰ ἐν πετεινοῖς μέλισσα,
καὶ ἀρχὴ γλυκασμάτων ὁ καρπὸς αὐτῆς

La *brevis in volatilibus est apis*
et initium dulcoris habet fructus illius

Syr מטל דשיטא הי בעופא דבוריתא
ורש טובא דכלהין[53]) עללתא אבה

H^{B2} אלול] l אליל (Di Lella); Verschreibung von י zu ו[54]).

H^{B1} überliefert die ältere, $H^{A\ B2}$ die jüngere Textform, vgl. biblisch-hebräisch קטנה bzw. mischnisch-hebräisch אליל.

Gr(La) übersetzt die ältere Textform, vgl. Gen 19_{11} 42_{32} Num 22_{18} Dtn 1_{17} $25_{13.14}$ usw. M קטן = Gr μικρός. Zur Wiedergabe von $H^{A\ B1.2}$ תנובות mit Gr γλυκασμάτων ist Jdc 9_{11} את־מתקי ואת־תנובתי הטובה = Gr^{AB} τὴν γλυκύτητά μου καὶ τὸ γένημά μου τὸ ἀγαθόν (Gr^{B} τὰ γενήματά μου τὰ ἀγαθά) zu vergleichen. La *dulcoris* entspricht Antioch. p. 1581 γλυκάσματος.

Syr gibt die jüngere Textform wieder. Syr מטל ד(שיטא) entspricht $Gr^{547c\ 755}$ Sa^{L} (μικρὰ) γάρ. Zur Einfügung von Syr^{MW} דכלהין Syr^{AL} דכל ist 7_{17b} zu vergleichen[55]). Zur Übersetzung von $H^{A\ B1.2}$ תנובות mit Syr עללתא siehe Dtn 32_{13} Ez 36_{30} M תנובה = Syr עללתא[56]).

16. 11_{4a} H^{A} בעטה א[ז]ר אל תהתל
4b ואל תקלס במרירי יום
11_{4a} H^{B1} במעוטף בגדים אל תתפאר
4b ואל תקלס כמרירי יום
11_{4a} H^{B2} בעוטה אזור אל תהתל
4b ואל תקלס במרירי יום

Gr ἐν περιβολῇ ἱματίων μὴ καυχήσῃ
καὶ ἐν ἡμέρᾳ δόξης μὴ ἐπαίρου

La *in vestitu ne glorieris umquam*
nec in die honoris tui extollaris

Syr במן דלביש רֽוקעא לא תגחך
ולא תשוט לברנשא דמרירֽן תנכוֽהי

H^{B1} überliefert die ältere, $H^{A\ B2}$ die jüngere Textform, vgl. Ez $24_{17.22}$ Mi 3_7 Ps 71_{13} 104_2 $109_{19.29}$ M עטה bzw. T אתעטף und I Sam 28_{14} M עטה bzw. T עטיף sowie Hi 3_5 M כמרירי יום und Levi ben Gerson (Thr 5_{10}) עורנו כתנור נכמרו רוצה לומר חמימות היום ובא כמרידי יום. הוא מענין במשקל סגריר (Prov 27_{15}) והרצון בו שיבעתהו האידים העולים בסבת תמימות היום עד שימנעו אורו bzw. 1Q H V 34 במרורי יום[57]) und Raschi כמרירי יום. שדיב המושלים בצהרים כמו קטב מרירי (Dtn 32_{24}) והוא מושל בצהרים שנאמר (Ps 91_6) ומקטב ישוד צהרים und Ibn Esra ויש (Dtn 32_{24}) כמו קטב מרירי יום. אומרים כי הכף כמו כחצי הלילה כמסיגי גבול (Hos 5_{10}) ועניין מרירי כמרירי יום חוזק החום הדומה לסם המות ואם נולד בלילה ההוא יקחהו אופל.

Gr(La) übersetzt die ältere Textform, vgl. Ps 73_6 Hi 23_9 M עטף = Gr περιβάλλειν[58]), 14_{17a} 39_{26d} 42_{13a} Gen 27_{27} 28_{20} $38_{14.19}$ H(M) בגד =

Gr ἱμάτιον und 38_{25b} 48_{4b} 50_{20d} Jdc 7_{2} H^{B}(M) התפאר = Gr καυχᾶσθαι. La *umquam* ist Glosse. Zum Nebeneinander von H^{B1} כמרירי יום und Gr(La) ἐν ἡμέρᾳ δόξης ist

11_{25a} H^{A} טובת יום Gr ἐν ἡμέρᾳ ἀγαθῶν und

11_{25b} H^{A} ורעת יום Gr καὶ ἐν ἡμέρᾳ κακῶν zu vergleichen. La *honoris tui* entspricht $Gr^{421\ 547}$ Aeth δόξης σου. Zu Gr(La) ἐπαίρου siehe neuhebräisch הִקֵּלֵּס (= הִתְקַלֵּס) «gepriesen werden» (Wiesen).

Syr gibt die jüngere Textform wieder, vgl. 11_{5b} 50_{11a} H עטה = Syr לבש und I Reg 18_{27} M התל = Syr גחך. Zum Nebeneinander von $H^{A\ B2}$ במרירי יום und Syr דמרירן תנכוהי ist

4_{6a} H^{A} מר רוח Syr מריר חנכא und

7_{11a} H^{A} במר רוח Syr דמרירן תנכוהי zu vergleichen.

17. 11_{4c} H^{A} כי פלאות מעשי י״י
$_{4d}$ ונעלם מאדם פעלו
11_{4c} H^{B} [כי פלאות מע]ש[י י]יי
$_{4d}$ ונעלם מאנוש פעלו

Gr ὅτι θαυμαστὰ τὰ ἔργα κυρίου,
καὶ κρυπτὰ τὰ ἔργα αὐτοῦ ἐν ἀνθρώποις

La *quoniam mirabilia opera Altissimi solius et gloriosa*
et absconsa et invisa opera illius

Syr מסל דפרישין אנון ארזוהי דאלהא
ומטשין מן בנינשא עבדוהי

Zum Nebeneinander von H^{A} מאדם und H^{B} מאנוש siehe

15_{19b} H^{A} איש H^{B} אנוש und

37_{25a} H^{B} איש H^{D} אנוש. La *Altissimi* entspricht Syh ὑψίστου. Zur Einfügung von La *solius* (= Gr^{545c} μόνου) ist 3_{20a} Gr κυρίου La *Dei solius* zu vergleichen. La *et gloriosa* und *et invisa* sind Dubletten zu *mirabilia* (= θαυμαστά) bzw. *et absconsa* (= καὶ κρυπτά). Syh ἀπ' ἀνθρώπων τὰ ἔργα αὐτοῦ ist Korrektur nach H.

18. 11_{5a} H^{A} רבים נדכאים ישבו על כסא
$_{5b}$ ובל על לב עטו צניף
11_{5a} H^{B1} [רבים נדכאים ישבו] על כסא
$_{5b}$ ובל על לב עטו צניף
11_{5a} H^{B2} [רבים נדכאים ישבו על] כסא
$_{5b}$ ושפלי לב יעטו צניף

Gr πολλοὶ τύραννοι ἐκάθισαν ἐπὶ ἐδάφους,
ὁ δὲ ἀνυπονόητος ἐφόρεσεν διάδημα

La *multi tyranni sederunt in throno*
et insuspicabilis portavit diadema

Syr סגיאא שיטא[59]) דיתבו על כורסיא דמלכותא
ודלא[60]) סלקין הוו על לבא לבשו לבושא דאיקרא

$H^{A\ B1}$ ובל על לב] l vel ובל עלו על לב (Box-Oesterley, Segal, Vcgt) vel ובל עלים על לב (Smend, Di Lella), vgl. 25_{7a} Gr^{Sc} (La) ἀνυπονόητα Syr דלא על ללבי und 32_{11d} H^{B} ואם עלה על לבך דבר; Ausfall durch Homoiarkton.

$H^{A\ B1}$ überliefert die ältere, H^{B2} die jüngere Textform, vgl. Jes 57_{15} ואת־דכא ושפל־רוח להחיות רוח שפלים ולהחיות לב נדכאים.

Gr(La) Syr übersetzen die ältere Textform. Gr(La) τύραννοι hat $H^{A\ B1.2}$ נדכאים in נדיבים verlesen (Smend, Peters, Box-Oesterley, Segal, Di Lella), vgl. Prov 8_{16} M ונדיבים = Gr καὶ τύραννοι. La *in throno* (= ἐπὶ δίφρου: Smend, Peters, Box-Oesterley, Segal, Di Lella) ist Korrektur nach H, vgl. 38_{33b} Gr ἐπὶ δίφρον = La *super sellam*.

Zur Wiedergabe von $H^{A\ B1.2}$ כסא mit Syr כורסיא דמלכותא ist I Reg $1_{20.27}$ $2_{4.24}$ 8_{20} 10_{9} usw. M כסא = T כרסי מלכותא zu vergleichen. Zum Nebeneinander von $H^{A\ B1.2}$ צניף und Syr לבושׂא דאיקרא siehe 47_{6c} H^{B} בעטותו צניף Gr(La) ἐν τῷ φέρεσθαι αὐτῷ διάδημα δόξης.

19. 11_{6a} H^{A}(1) רַבִּים נִשָּׂאִים נִקְלוּ מְאֹד
(2) וְהֻשְׁפְּלוּ יַחַד
6b וְגַם נִכְבָּדִים נִתְּנוּ בְּיָד
11_{6a} H^{B1} [רבים נשאים נקלו מ]אד
6b ונכבדים נתנו ביד זעירים
11_{6a} H^{B2}(1) [רבים נשאים נק]לו מאד
(2) והושפלו יחד
6b ונכבדים נתנו ב׳יד
11_{6a} H^{Bmg} [רבים נשאים נקלו מא]ד
והשפלו יחד
11_{6b} H^{Bmg} וגם
11_{6b} H^{Bmg} ביד:

Gr πολλοὶ δυνάσται ἠτιμάσθησαν σφόδρα,
καὶ ἔνδοξοι παρεδόθησαν εἰς χεῖρας ἑτέρων

La *multi potentes pressi sunt valide*
et gloriosi traditi sunt in manus alterorum

Syr סגׄיאא מלׄכא דאצטערו אכחדא[61]
ודמיקרין דאתבצרו מן איקרהון

In 11_{6a} überliefert H^{B1} die ältere, $H^{A\ B2\ Bmg}$ eine Addition der älteren und der jüngeren Textform, vgl. biblisch-hebräisch נקלו und מאד bzw. mischnisch-hebräisch וה(ו)שפלו und יחד[62]).

Gr(La) übersetzt die ältere Textform, vgl. Jes 16_{14} M נקלה = Gr ἀτιμάζεσθαι. Gr(La) δυνάσται hat $H^{A\ B1.\ 2\ Bmg}$ נשאים als נשיאים mißverstanden (Smend, Segal, Harṭōm), Syr folgt ihm (Smend). La *pressi sunt* ist durch Haplographie aus $La^{C\ X\ Z^*\ T}$ (*potentes*) *spreti sunt* entstanden.

Syr דאצטערו אכחדא (= נקלו יחד) zieht die ältere und die jüngere Textform in einen Stichus zusammen (Smend, Box-Oesterley, Segal).

In 11_{6b} überliefert H[B1] die ältere, H[A Bmg] die jüngere Textform, vgl. I Sam 26_{23} M אשר נתנך יהוה היום ביד; II Chr 25_{20} M למען תתם ביד. H[B2] stellt ein Übergangsstadium zwischen der älteren und der jüngeren Textform dar.

Gr(La) übersetzt die ältere Textform. Gr(La) ἑτέρων hat H[B1] זעירים in זרים verlesen, vgl. Ex 30_9 M זר = Gr ἕτερος.

Syr ודמיקרין דאתבצרו מן איקרהון ist mit 26_{28d} Syr ועל אנשא מרי שמא דאתבצרו מן איקרהון kontaminiert.

20. 11_{7a} H[A] בְּטֶרֶם תַּחְקוֹר אַל־תְּסַלֵּף
7b בַּקֵּר לְפָנִים וְאַחַר תַּזִּיף
11_{7a} H[B1]]אול[
7b ובקה לפנים שפוט[63]
11_{7a} H[B2] [בטרם תח]ק[ור] אל תסלף
7b בקר לפנים ואחר תזיף

Gr πρὶν ἐξετάσῃς, μὴ μέμψῃ·
νόησον πρῶτον καὶ τότε ἐπιτίμα

La *priusquam interroges ne vituperes quemquam*
et cum interrogaveris corripe iuste

Syr עדלא תבקא לא תשתותף
עקב לוקדם והידין עבד שׂכא

H[A B2] überliefert die ältere, H[B1] die jüngere Textform, vgl. biblisch-hebräisch בקר bzw. jüdisch-aramäisch בקא.

Gr(La) Syr übersetzen die ältere Textform. Zu La *vituperes quemquam* ist Gr[753] ἐξετάσῃς τινα zu vergleichen. La *iuste* ist erklärende Glosse.

Syr תשתותף und עבד שׂכא beruhen auf Umdeutung. Syr עבד שׂכא geht vielleicht auf תזו/יג zurück (Smend, Segal).

21. 11_{8a} H[A] בְּנִי אַל־תָּשֵׁב דָּבָר טֶרֶם תִּשְׁמַע
8b וּבְתוֹךְ שִׂיחָה אַל־תְּדַבֵּר
11_{8a} H[B1] [בטרם תשמע][64] אל תשיב
8b ובתוך שיחה אל תדבר[65]
11_{8a} H[B2] [בני אל] השיב דבר בטרם תשמע
8b ובתוך שיחה אל תדבר

Gr πρὶν ἢ ἀκοῦσαι μὴ ἀποκρίνου
καὶ ἐν μέσῳ λόγων μὴ παρεμβάλλου

La *priusquam audias ne respondeas verbum*
et in medio sermonum ne adicias loqui

Syr עדלא תשמע לא תתל פתגמא
ובנו שועיתא לא תמלל

H[B1] überliefert die ältere, H[A B2] die jüngere Textform, vgl. Prov 18_{13} משיב דבר בטרם ישמע[66]).

Gr(La) übersetzt die ältere Textform. Clem. ἀποκρίνου ῥῆμα La *respondeas verbum* ist Korrektur nach der jüngeren Textform. Zu La *adicias loqui* ist Gr$^{L-672-694-743}$ Antioch. παρέμβαλε (u.ä.) ῥῆμα zu vergleichen.

Syr עדלא תשמע לא תתל פתגמא ist von Clem. (La) πρὶν τὲ ἀκοῦσαί σε μὴ ἀποκρίνου ῥῆμα abhängig.

22. 11_{9a} H^A באין עצבה אל תאחר
$_{9b}$ וברב זדים אל תקומם
11_{9a} H^B באין עצה אל תתור
$_{9b}$ ובריב זדים אל תקומם

Gr περὶ πράγματος, οὗ οὐκ ἔστιν σοι χρεία, μὴ ἔριζε
καὶ ἐν κρίσει ἁμαρτωλῶν μὴ συνέδρευε

La *de re ea quae te non molestat ne certeris*
et in iudicio peccantium ne consistas

Syr אן אית[67]) בך חילא לא תתחרא
ובגו עולא לא תסגא טלומיך

H^A תאחר H^B תתור] l c Gr(La Syr) ἔριξε תתחר (Smend, Peters, Box-Oesterley, Segal, Segal II, Hamp, Harṭōm, Vogt, Di Lella).

H^B überliefert die ältere, H^A die jüngere Textform. Bei H^B עצה handelt es sich um II עצה «Ungehorsam, Auflehnung, Widerstreben» (Köhler-Baumgartner) «hard struggle, agony, resistance, disobedience» (Driver[68])), vgl. 4_{28a} H^A עד המות היעצה על הצדק. Zum Nebeneinander von H^A וברב und H^B ובריב ist 20_{5b} H^C בריב Gr ἀπὸ πολλῆς Syr בסוגאא zu vergleichen.

Gr(La) übersetzt die ältere Textform. Gr οὗ οὐκ ἔστιν σοι χρεία ist durch Kontamination mit 3_{22b} Gr οὐ γάρ ἐστίν σοι χρεία τῶν κρυπτῶν entstanden[69]). Gr^{S A C*(vid.) V 248–315'–694ac 307 339 429 543 547 755} Aeth Arm (II) περὶ πράγματος, οὗ (Gr^{547}ὃ) οὐκ ἔστι(ν) σοι ist Korrektur nach der älteren, La Syh(vid.) *de re ea quae te non molestat* nach der jüngeren Textform.

Syr gibt die jüngere Textform wieder, las aber vielleicht עצמה für עצבה (Smend, Box-Oesterley, Segal, Segal II, Schirmann, Di Lella)[70]). Syr לא תסגא טלומיך ist Dublette zu 11_{10a} Syr דלמא תסגא בישתך, die das syrische Äquivalent von H^{AB} אל תקומם verdrängt hat (Smend, Peters, Segal).

23. 11_{10a} H^A בני למה תרבה עשקך
$_{10b}$ ואץ להרבות לא ינקה
11_{10a} H^B בני למה [תר]ב[ה] עושק[ך]
$_{10b}$ ואץ להרבות לא ינקה
11_{10a} H^{Bmg} עשקך

Gr τέκνον, μὴ περὶ πολλὰ ἔστωσαν αἱ πράξεις σου·
ἐὰν πληθύνῃς, οὐκ ἀθῳωθήσῃ

La *fili ne in multis sint actus tui*
et si dives fueris non eris inmunis a delicto

Syr ברי דלמא תסגא בישתך
ודרהט למסגיותה לא זכא

H[A Bmg] überliefert die ältere, H[B] die jüngere Textform. Das Variantenpaar עשק//עס/שק findet sich auch 7_{25a} H[AC] עסק Gr ἔργον μέγα La *grande opus* Syr עשוקיא.

Gr(La) übersetzt die ältere Textform, vgl. 38_{24b} H[B] עסק = Gr(La) πράξει. La *in multis* entspricht Syh ἐν πολλοῖς. Gr ἐὰν πληθύνῃς, οὐκ ἀθῳωθήσῃ scheint auf אם תרבה לא תנקה zu beruhen (Peters, Box-Oesterley, Segal, Harṭōm). Zum Nebeneinander von Gr ἀθῳωθήσῃ Gr[S* L(exc 248)–315'] Max. p. 849 Dam. p. 361 Anton. p. 1192 Mal. ἀθῷος ἔσῃ La Sa *eris inmunis* ist 7_{8b} Gr ἀθῷος ἔσῃ Gr[a 46 694] Anton. p. 1117 ἀθῳωθήσῃ zu vergleichen. La Sa *a delicto* ist erklärende Glosse. Gr[548] κἂν La *et si* ist Korrektur nach H.

Syr gibt die jüngere Textform wieder, vgl. Lev 5_{23} Ez 22_{12} Ps 119_{134} M עשק = Syr טלומיא. Siehe zu 11_{9b}.

24. 11_{10c} H[A] בני אם לא תרוץ לא תגיע
10d ואם לא תבקש לא תמצא
11_{10c} H[B1] אם תברח לא תדביק
10d ול[א ת]מלטנו אם תנוס
11_{10c} H[B2] בני אם לא תרוץ לא תגיע
10d ואם לא תבקש לא תמצא

Gr καὶ ἐὰν διώκῃς, οὐ μὴ καταλάβῃς·
καὶ οὐ μὴ ἐκφύγῃς διαδράς

La *si enim secutus fueris non adprehendes*
et non effugies si praecucurreris

Syr ברי אן לא תרהט לא תדרך
ואן לא תבעא לא תשכח

H[B1] תמלטנו] l c Gr(La) ἐκφύγῃς תמלט (Di Lella), vgl. 16_{13a} H[A] ימלט = Gr(La) ἐκφεύξεται.

H[B1] überliefert die ältere, H[A B2] die jüngere Textform, vgl. Jer 13_{11} M הדביק bzw. T קרב (T קרב = M הגיע Ez 7_{12}) und Gen 31_{23} M וידבק bzw. Nachmanides הגיע.

Gr(La) übersetzt die ältere Textform, vgl. I Chr 12_{16} M הבריח = Gr[S] διώκειν, Gen 31_{23} Jdc 18_{22} M הדביק = Gr καταλαμβάνειν und 16_{13a} H[A] ימלט = Gr ἐκφεύξεται. Zum Nebeneinander von Gr καὶ ἐάν und La *si enim* ist 39_{6a} Gr ἐάν Gr[l–157' c–679–795 358 443 547] ἐὰν γάρ La *si enim* Aeth καὶ ἐάν zu vergleichen. Gr[O–V] Sa Arm ἐὰν δια(> Gr[V])διδράσκῃς La *si praecucurreris* ist Korrektur nach der älteren Textform.

Syr gibt die jüngere Textform wieder.

25. 15_{1a} H^A^ כי ירא י"י יעשה זאת
$_{1b}$ ותופש תורה ידריכנה
15_{1a} H^B^ כי ירא ייי יעשה זאת
$_{1b}$ ותופש תורה ידריכנה

Gr ὁ φοβούμενος κύριον ποιήσει αὐτό,
καὶ ὁ ἐγκρατὴς τοῦ νόμου καταλήμψεται αὐτήν

La *qui timet Deum faciet illud*
et qui continens est iustitiae adprehendet illam

Syr דדחל לאלהא נעבד הכנא
ודילף נמוסא נהלך בה

Zur Auslassung von H^AB^ כי in Gr(La) ist
6_{4a} H^A^ כי נפש Gr^O^(La) ψυχὴ γάρ Gr ψυχή
38_{13} H^B^ כי יש Gr(La) ἔστιν
43_{5a} H^B Bmg M^ כי גדול Gr(La) μέγας
43_{11b} H^BM^ כי מאד Gr(La) σφόδρα
46_{5a} H^B^ כי קרא Gr^L(exc 248) 547^ ἐπεκαλέσατο γάρ
Gr(La) ἐπεκαλέσατο
usw. zu vergleichen.

Zum Fehlen von H^AB^ כי in Syr siehe
6_{8a} H^A^ כי יש Syr אית
43_{5a} H^B Bmg M^ כי גדול Syr רב. Syr הכנא gibt H^AB^ זאת wieder, vgl.
16_{23b} Prov 6_3 H^A^(M) זאת = Syr הכנא[71]).

26. 15_{2a} H^A^ וקדמתהו כאם
$_{2b}$ וכאשת נעורים תקבלנו
15_{2a} H^B^ וקדמתהו כאם
$_{2b}$ וכאשת נעורים תקבלנו

Gr καὶ ὑπαντήσεται αὐτῷ ὡς μήτηρ
καὶ ὡς γυνὴ παρθενίας προσδέξεται αὐτόν

La *et obviabit illi quasi mater honorificata*
et quasi mulier a virginitate suscipiet illum

Syr ותקבליוהי איך אמא
ואיך אנתת עלימותא תקרביוהי

La *honorificata* ist erklärende Glosse, vgl. 3_4
ita et qui honorificat matrem suam.

Syr vertauscht wie in 16_3 die Verben der beiden Stichen, vgl. Dtn 23_5 Am 9_{10} M קדם = Syr קרב [72]).

27. 15_{3a} H^A^ והאכלתהו לחם שכל
$_{3b}$ ומי תבואה תשקנו
15_{3b} H^Amg^ תבונה
15_{3a} H^B^ והאכילתהו לחם שכל
$_{3b}$ ומֵי תבונה תשקנו
15_{3b} H^Bmg^ ומתבואתה

Gr ψωμιεῖ αὐτὸν ἄρτον συνέσεως
καὶ ὕδωρ σοφίας ποτιεῖ αὐτόν

La *cibabit illum panem vitae et intellectus*
et aqua sapientiae salutaris potabit illum

Syr ותוכליוהי לחמא דחכמתא
ומ̈יא דסכולתנותא תשקיוהי

H^A ומי תבואה und H^{Bmg} ומתבואתה sind aus $H^{Amg\ B}$ ומי תבונה verschrieben (Box-Oesterley)[73]).

La *vitae et intellectus* (= συνέσεως) ist Dublette gemäß J $6_{35.48}$ Gr ὁ ἄρτος τῆς ζωῆς V *panis vitae*. Zu La *sapientiae* (= σοφίας) *salutaris* ist 6_{30b} Gr κλῶσμα ὑακίνθινον La *netura salutaris* zu vergleichen.

28. 15_{4a} H^A ונשען עליה ולא ימוט
4b ובה יבטח ולא יבוש
15_{4a} H^B ונשען עליה ולא ימוט
4b ובה יבטח [ו]ל[א יבו]ש

Gr στηριχθήσεται ἐπ' αὐτὴν καὶ οὐ μὴ κλιθῇ,
καὶ ἐπ' αὐτῆς ἐφέξει καὶ οὐ μὴ καταισχυνθῇ

La *et firmabitur in illo et non flectetur*
et continebit illum et non confundetur

Syr ונסתמך[74]) עליה ולא נפל
ועליה נתתכל ולא נבהת

Zu La *in illo* siehe Gr^{O-V} Aeth ἐν αὐτῇ und Gr^{S*} 613c(vid.) 728 ἐπ' αὐτόν. La *illum* beruht auf Angleichung an 15_{4a}.

29. 15_{5a} H^A ורוממתהו מרעהו
5b ובתוך קהל תפתח פיו
15_{5a} H^B ורוממתהו מרעהו
5b ובתוך ק[הל תפתח פיו]
15_{5a} H^{Bmg} בתוך ריעהו

Gr καὶ ὑψώσει αὐτὸν παρὰ τοὺς πλησίον αὐτοῦ
καὶ ἐν μέσῳ ἐκκλησίας ἀνοίξει στόμα αὐτοῦ

La *et inaltabit illum apud proximos suos*
et in medio ecclesiae aperiet os illius

Syr והרימיוהי מן כלהון חבר̈והי
ובגו כנושתא תפתח פומה

H^{Bmg} בתוך ריעהו ist durch Dittographie von 15_{5b} ובתוך קהל entstanden.

La *apud* entspricht Gr παρά, vgl. $11_{15a.b}$ 35_{15c} Gr παρά = La *apud*[75]).

Zur Einfügung von Syr כלהון ist 7_{17b} zu vergleichen[76]).

30. 15_{6a} H^A ששון ושמחה ימצא
6b ושם עולם תורישנו

15_{6a} H^B^ ששון ושמחה תמצא [77]
$_{6b}$ ושׁ]ם עולם תורישנו]
15_{6a} H^Bmg^ ימצא

Gr εὐφροσύνην καὶ στέφανον ἀγαλλιάματος
καὶ ὄνομα αἰῶνος κατακληρονομήσει

La *adimplebit illum spiritu sapientiae et intellectus*
et stolam gloriae vestiet illum
iucunditatem et exultationem thesaurizabit super illum
et nomine aeterno hereditabit illum

Syr חדותא ורוזא תמליוהי
ושמא דעלמא תורתיוהי

H^B^ überliefert die ältere, H^A Bmg^ die jüngere Textform, vgl. Jes 51_3 M ששון ושמחה ימצא בה.

La *adimplebit illum spiritu sapientiae et intellectus* ist Dublette zu 39_{6b} Gr^rel^ πνεύματι συνέσεως ἐμπλήσει αὐτόν La *spiritu intelligentiae replebit illum*[78]), La *et stolam gloriae vestiet illum* zu 6_{31a} Gr στολὴν δόξης ἐνδύσῃ αὐτήν La *stolam gloriae indues eam.* Zu La *thesaurizabit super illum* ist 4_{18c} *et thesaurizat super illum scientiam et intellectum iustitiae* zu vergleichen. La *nomine aeterno* entspricht Gr^B *l* a–534' 307 339 358 679 694 753^ verss.^p^ Mal. ὄνομα αἰώνιον.

Gr (εὐφροσύνην) καὶ στέφανον ἀγαλλιάματος ist von 1_{11b} Gr καὶ εὐφροσύνη καὶ στέφανος ἀγαλλιάματος und 6_{31b} Gr καὶ στέφανον ἀγαλλιάματος περιθήσεις σεαυτῷ beeinflußt. Gr^S* A *L'*–315'–694–743 *a*–613 542c^ (καὶ στέφανον ἀγαλλιάματος) εὑρήσει ist Korrektur nach der älteren Textform, vgl. Hi 34_{11} M יְמַצִאֶנּוּ Hi 37_{13} M יְמַצְאֵהוּ = Gr εὑρήσει αὐτόν. Gr^Sc 248–694–743^ κατακληρονομήσει αὐτόν La *hereditabit illum* ist Korrektur nach H.

Syr תמליוהי ist von der griechischen Vorlage von La *adimplebit illum* (= ἐμπλήσει αὐτόν, vgl. 39_{6b}) abhängig (Smend).

31. 15_{7a} H^A^ לא ידריכוה מתי שוא
$_{7b}$ ואנשי זדון לא יראוה
15_{7a} H^B^ לא ידריכוה מתי שוא
$_{7b}$ ואנשׁ[י זדון לא יראוה]

Gr οὐ μὴ καταλήμψονται αὐτὴν ἄνθρωποι ἀσύνετοι,
καὶ ἄνδρες ἁμαρτωλοὶ οὐ μὴ ἴδωσιν αὐτήν

La *homines stulti non adprehendent illam*
et homines sensati obviabunt illi
homines stulti non videbunt illam

Syr לא נהלכון בה חטיֿא
ואנשא עוֿלא לא נחזונה

La *et homines sensati obviabunt illi* ist Dublette zu 15_{2a} Gr καὶ ὑπαντήσεται αὐτῷ ὡς μήτηρ La *et obviabit illi quasi mater honorificata.*

La *homines sensati* entspricht Gr[637] Syh ἄνθρωποι συνετοί. La *homines stulti* 2° beruht auf ἄνθρωποι ἀσύνετοι, vgl. GrA *l a*–534' *b c* 155 307 315' 339 542 547 755 ἄνθρωποι[79]) und Gr[46] ἀσύνετοι.

32. 15_{8a} HA רחוקה היא מלצים
$8b$ ואנשי כזב לא יזכרוה
15_{8a} HB רחוקה היא מלצים
$8b$ ואנש]י כזב לא יזכרוה[

Gr μακρὰν ἔστιν ὑπερηφανίας,
καὶ ἄνδρες ψεῦσται οὐ μὴ μνησθήσονται αὐτῆς

La *longe enim abest a superbia et dolo*
viri mendaces non erunt illius memores
et viri veraces inveniuntur in illa
et successum habebunt usque ad inspectionem Dei

Syr רחיקא הי מן מרׄודא
ודאמרין בישתא לא נדרכונה

La *superbia* (= ὑπερηφανίας) *et dolo* sind Dubletten. La *et viri veraces inveniuntur in illa et successum habebunt usque ad inspectionem Dei* entspricht Anton. p. 841 ἄνδρες ἀληθεύοντες εὑρεθήσονται ἐν σοφίᾳ καὶ εὐοδωθήσονται ἕως ἐπισκοπῆς κυρίου, vgl. 2_{17b} Anton. p. 1216 καὶ μακροθυμήσουσιν ἕως ἐπισκοπῆς αὐτοῦ La *et patientiam habebunt usque ad inspectionem illius*. Gr*L'*(exc 637)–672–694–743 679 Syh Sa ἀπὸ ὑπερηφανίας La *a superbia* und Gr[637] Aeth ἀπὸ ὑπερηφάνων sind Korrekturen nach H.

Syr נדרכונה ist alter Fehler, vgl. Arab *judrikuhā* (assequuntur eam), für נדכרונה (Smend).

33. 15_{9a} HA לא נאתה תהלה בפי רשע
$9b$ כי לא מאל נחלקה לו
15_{9a} HB לא נאתה תהלה בפי רשע
$9b$ כי לא מא]ל נחלקה לו[

Gr οὐχ ὡραῖος αἶνος ἐν στόματι ἁμαρτωλοῦ,
ὅτι οὐ παρὰ κυρίου ἀπεστάλη

La *non est speciosa laus in ore peccatoris*
quoniam a Deo profecta est sapientia

Syr לא הות יאיא בפומא דעוׄלא[80])
מטל דלא הוא מן קדם אלהא אתיהבת להון

La *quoniam a Deo* entspricht Gr[46] ὅτι παρὰ κυρίου. Statt Gr ἀπεστάλη ist διεστάλη zu lesen (Hart[81]), Segal, Ziegler), vgl. II Chr 23_{18} M חלק = Gr διαστέλλειν. Gr*L'*–694 ἀπεστάλη αὐτῷ ist Korrektur nach H.

In Syr ist HAB תהלה nicht ausgedrückt (Ausfall durch Homoiarkton: נאתה תהלה?). SyrL הכמתא scheint von der griechischen Vorlage von La *sapientia* (= σοφία, vgl. 15_{10a}) abhängig zu sein.

34. 15_{10a} H[A] בפה חכם תאמר תהלה
10b ומשל בה ילמדנה
15_{10a} H[B] בפי חכם תאמר תחלה
10b ומושל ב[ה ילמדנה]
Gr ἐν γὰρ σοφίᾳ ῥηθήσεται αἶνος,
καὶ ὁ κύριος εὐοδώσει αὐτόν
La *sapientiae enim Dei adstabit laus*
et in ore fideli abundabit
et dominator dabit eam illi
Syr בפומא דחכימא תתאמר תשבוחתא
ודשליט בה נאלפיה

H[A] בפה] l בפי (Segal); Dittographie unter Verschreibung von ח zu ה[82].
H[B] תחלה] l c Gr(La Syr) αἶνος תהלה (Vogt, Segal II, Di Lella); Verschreibung von ה zu ח[83].

Gr ἐν entspricht H[AB] בפי, vgl. Gen $43_{12.21}$ 44_8 M בפי = Gr ἐν. Zur Einfügung von Gr(La) γάρ siehe zu 3_{14a}[84]). La *adstabit* geht auf σταθήσεται (Schlatter[85]), Ryssel, Smend) oder τεθήσεται (Peters) zurück. Zu La *et in ore fideli abundabit* ist 34_{8b} Gr καὶ σοφία στόματι πιστῷ τελείωσις La *et sapientia in ore fidelis* (La[XΣΘH] *fideli*) *conplanabitur* sowie Anton. p. 769 ἐν στόματι εὐσεβῶν πληθυνθήσεται ἄνθρωπος (= ανος ex αἶνος) und Clem. II 125 σοφία ἐν στόματι πιστῶν zu vergleichen. Gr[V* 46] Aeth ἐν σοφίᾳ und La *et dominator dabit eam illi* (= καὶ ὁ κυριεύων δώσει αὐτόν: Schlatter, Herkenne, Ryssel, Smend, Peters, Ziegler[86]), vgl. 37_{18c} H[B] ומושלת H[DBmg] ומשלה = Gr καὶ ἡ κυριεύουσα La *et dominatrix* und 51_{17b} H[B] ולמלמדי H[Q] למלמדי = Gr τῷ διδόντί μοι σοφίαν La *dans mihi sapientiam*) sind Korrekturen nach H.

35. 15_{11a} H[A] אל תאמר מאל פשעי
11b כי את אשר שנא לא עשה
15_{11a} H[B1] אל תאמר מאל פשעי
11b כי כל[87]) אשר שנא אמר לך[88])
15_{11a} H[B2] אל תאמר מה פעלתי
11b כי את אשר שנא לא אעש[ה]
Gr μὴ εἴπῃς ὅτι Διὰ κύριον ἀπέστην·
ἃ γὰρ ἐμίσησεν, οὐ ποιήσεις
La *non dixeris per Deum abest*
quae odit enim ne feceris
Syr לא תאמר דמן קדם אלהא סרחת ותטית
מטל דמדם דסנא לא עבד

H[B2] לא אעש[ה]] l לא עשה (Di Lella); Dittographie.

In 15_{11a} überliefert H[A B1] die ältere, H[B2] die jüngere Textform.

Gr ἀπέστην übersetzt so, als hätte er פשעתי statt $H^{A\ B1}$ פשעי gelesen (Segal, Harṭōm), vgl. Jer 33_8 Ez 20_{38} II Chr $21_{8.10}$ (bis) M פשע = Gr ἀφιστάναι, Syr סרחת וחטית dupl. folgt ihm (Smend). La *abest* entspricht $Gr^{155\ 534}$ ἄπεστιν[89]. Aeth μὴ εἴπῃς Διὰ κύριον La *non dixeris per Deum* ist Korrektur nach der älteren Textform.

In 15_{11b} überliefert $H^{A\ B2}$ die ältere, H^{B1} die jüngere Textform. Zum Nebeneinander von $H^{A\ B2}$ כי את אשר שנא und H^{B1} כי כל אשר שנא ist 15_{17b} H^{A} אשר יחפץ H^{B} וכל שיחפץ zu vergleichen.

Gr(La) Syr übersetzen die ältere Textform. Gr^{768} οὐ ποιήσει, vgl. Gr^{307} ἃ γὰρ ἐποίησεν, οὐ μισήσει, ist Korrektur nach der älteren Textform.

36. 15_{12a} H^{A} פן תאמר הוא התקילני
$_{12b}$ כי אין צורך באנשי חמס
15_{12a} H^{B} פן תאמר היא התקילני
$_{12b}$ כי אין לי חפץ באנשי חמס
15_{13b} H^{Bmg} צורך

Gr μὴ εἴπῃς ὅτι Αὐτός με ἐπλάνησεν·
οὐ γὰρ χρείαν ἔχει ἀνδρὸς ἁμαρτωλοῦ

La *non dicas ille me inplanavit*
non enim necessarii sunt illi homines impii

Syr דלמא תאמר דהו אתקלני
לית לה גיר הנינא בברנשא עולא

H^{B} היא] l c Gr(La Syr) Αὐτός הוא (Schirmann, Vogt, Segal, Di Lella); Verschreibung von ו zu י[90]).

H^{B} לי חפץ] l c Gr(La Syr) χρείαν ἔχει לו חפץ (Segal, Di Lella); Verschreibung von ו zu י[90]).

H^{B} überliefert die ältere, $H^{A\ Bmg}$ die jüngere Textform, vgl. I Reg 5_{22-24} 9_{11} Jes 54_{12} $58_{3.13}$ (bis) Jer 22_{28} 48_{38} usw. M חפץ bzw. T צורכא (T צורכא = M צרך II Chr 2_{15}).

Gr(La) übersetzt die ältere Textform, vgl. 11_{23a} Jer 22_{28} 48_{38} H^{A}(M) חפץ = Gr χρεία; Jes 13_{17} M וזהב לא יחפצו בו = Gr οὐδὲ χρυσίου χρείαν ἔχουσιν; Prov 18_2 M לא־יחפץ = Gr οὐ χρείαν ἔχει[91]), Syr folgt ihm (Smend), vgl. 38_{12b} Gr χρεία = Syr הנינא. $Gr^{S\ O-V\ L'-694\ 46\ 307\ 339\ 443\ 679\ 753}$ Aeth Anast. p. 332 μὴ εἴπῃς Αὐτός La *non dicas ille*[92]) und La *homines impii* sind Korrekturen nach H.

37. 15_{13a} H^{A} רעה ותעבה שנא יי
$_{13b}$ ולא יאנה ליראיו
15_{13a} H^{B} ותועבה שנא אלהים
$_{13b}$ ולא יאנה ל[יר]איו
15_{13a} H^{Bmg} רעה

Gr πᾶν βδέλυγμα ἐμίσησεν κύριος,
καὶ οὐκ ἔστιν ἀγαπητὸν τοῖς φοβουμένοις αὐτόν

La *omne execramentum erroris odit Deus*
et non erit amabile timentibus illum
Syr כל בישתא ומרחותא סנא
ולא נתל אנין לרֿחמוהי

H^B überliefert die ältere, $H^{A\ Bmg}$ die jüngere Textform. Zum Nebeneinander von H^A י"י und H^B אלהים ist 10_{22b} H^A יראת אלהים und H^B יראת ייי zu vergleichen.

Gr(La) übersetzt die ältere Textform. Zur Einfügung von Gr(La) πᾶν siehe
30_{15a} H^B מפז Gr(La) παντὸς χρυσίου
37_{11g} H^{BmgD} על מלאכתו Aeth περὶ ἔργου
Gr(La) περὶ παντὸς ἔργου
39_{18a} H^B רצונו La Arm II *placor*
Gr πᾶσα ἡ εὐδοκία
42_{17b} H^B נפלאות ייי $Gr^{631}(La^{\Theta})$ τὰ θαυμάσια αὐτοῦ
H^{Bmg} גבורותיו Gr(La) πάντα τὰ θαυμάσια αὐτοῦ[93])
49_{1c} H^B בחך Gr(La) ἐν παντὶ στόματι usw. La *execramentum* (= βδέλυγμα) *erroris* ist Dublette. La *et non erit* geht auf καὶ οὐκ ἔσται zurück. Statt Gr ἀγαπητόν ist möglicherweise ἀπαντητόν zu lesen (Knabenbauer, Smend, Segal).

Syr gibt die jüngere Textform wieder, ist aber hinsichtlich der Einfügung von כל nach Gr(La) korrigiert, vgl. Arab *al-fuǧūra wa-l-aṯma* (scelus et iniquitatem). Zum Nebeneinander von H^{AB} ליראיו und Syr לרֿחמוהי ist 1_{10b} Gr τοῖς ἀγαπῶσιν αὐτόν Gr^l τοῖς φοβουμένοις αὐτόν Syr לכל דחלוהי und Ps 145_{20} M אהביו 11Q Ps^a יראיו Syr לכלהון דחלוֿהי zu vergleichen[94]).

38. 15_{14a} H^A אלהים מבראשית ברא אדם
$_{14b}$ (1) וישתיהו ביד חותפו
(2) ויתנהו ביד יצרו
15_{14a} H^B הוא מראש ברא אדם
$_{14b}$ (1) וישיתהו ביד [חותפו]
(2) ויתנהו ביד יצרו
15_{14a} H^{Bmg} [א]ל[הי]ם מבראשית
Gr αὐτὸς ἐξ ἀρχῆς ἐποίησεν ἄνθρωπον
καὶ ἀφῆκεν αὐτὸν ἐν χειρὶ διαβουλίου αὐτοῦ
La *Deus ab initio constituit hominem*
et reliquit illum in manu consilii sui
adiecit mandata et praecepta sua
Syr הו[95]) מן ברשית ברא בנֿינשא
ואשלם אנון ביד יצרהון

In 15_{14a} überliefert H^B die ältere, $H^{A\ Bmg}$ die jüngere Textform, vgl. biblisch-hebräisch מראש bzw. jüdisch-aramäisch מבראשית Jes 41_4 66_9.

Gr(La) übersetzt die ältere Textform, vgl. 16_{26a} $39_{25a.32a}$ H **מראש** = Gr ἀπ' (39_{32a} ἐξ) ἀρχῆς. Arm Anast. p. 485.617 ὁ θεός La *Deus* ist Korrektur nach der jüngeren Textform.

Syr gibt die jüngere Textform wieder. Syr^{MW} **הו** ist nach Gr αὐτός korrigiert (Smend).

In 15_{14b} stellt (2) die ältere, (1) die jüngere Textform dar, vgl. Gen $1_{17.29}$ 3_6 usw. M **נתן** bzw. T **יהב** (T **יהב** = M **שית** Gen 4_{25}). **מחתף** und **מצר** sind in 50_4 H^{B} einander parallel; möglicherweise ist **הותפו** Variante eines Fehlers **צרו** für **יצרו** (Lévi, Segal).

Gr(La) Syr übersetzen die ältere Textform. La *adiecit mandata et praecepta sua* ist Glosse.

39. 15_{15a} H^{A} — אם תחפץ תשמר מצוה
$_{15b}$ (1) — ותבותה לעשות רצונו
(2) — אם תאמין בו גם אתה תחיה
15_{15a} H^{B} — אם תחפץ תשמר מצוה
$_{15b}$ (1) — ואמונה לעשות רצון אל
(2) — [ואם] ת[א]מין בו גם אתה תחיה
15_{15b} H^{Bmg} — ותבונה לע[96]) רצונו

Gr ἐὰν θέλης, συντηρήσεις ἐντολὰς
καὶ πίστιν ποιῆσαι εὐδοκίας

La *si volueris mandata conservabunt te*
et in perpetuum fidem placitam facere

Syr — אן[97]) תצבא תטר פוקדנוֹהי
ואן תהימן בה אף אנת תחא

In $15_{15b(1)}$ überliefert H^{B} die ältere, vgl. Prov 12_{22} **ועשי אמונה רצונו**, H$^{A\ Bmg}$ die jüngere Textform. Zu dem Nebeneinander von H^{B} **ואמונה** und H$^{A\ Bmg}$ **ותבונה** sind 1_{4b} Gr φρονήσεως La *prudentiae* Syr **הימנותא** und Prov 19_8 M **תבונה** Gr φρόνησιν T **ביונא** V *prudentiae* Syr **הימנותא**, zu dem von H$^{A\ Bmg}$ **רצונו** und H^{B} **רצון אל** ist 16_{3c} H^{A} **רצון** H^{B} **רצון אל** zu vergleichen. H^{AB} $15_{15b(2)}$ stellt eine Weiterbildung der älteren Textform dar, vgl. Hab 2_4 **וצדיק באמונתו יחיה**.

Gr(La) übersetzt die ältere Textform. Gr^{46} Aeth ἐντολήν La^{X} *mandatum* ist Korrektur nach H. La *in perpetuum* ist Glosse.

Syr gibt die Weiterbildung der älteren Textform wieder.

40. 15_{16a} H^{A} — מוצק לפניך אש ומים
$_{16b}$ — באשר תחפץ שלח ידיך
15_{16a} H^{B} — מוצק לפניך מים ואש
$_{16b}$ — באשר תחפץ תשלח ידיך

Gr παρέθηκέν σοι πῦρ καὶ ὕδωρ·
οὗ ἐὰν θέλης, ἐκτενεῖς τὴν χεῖρά σου

La *adposuit tibi aquam et ignem*
ad quod voles porrige manum tuam

Syr שביקין קדמיך נורא ומ̈יא
באינא דצבא אנת אושט אידך

In 15_{16a} überliefert H^A die ältere, H^B die jüngere Textform, vgl. Ps 66_{12} M באש ובמים bzw. Sir 39_{26b} H^B מים ואש.

Gr($La^{C\,L\Theta H}$) Syr übersetzen die ältere Textform. La *aquam et ignem* ist Korrektur nach der jüngeren Textform.

In 15_{16b} überliefert H^B die ältere, H^A die jüngere Textform.

Gr(La) übersetzt die ältere Textform. $Gr^{L(exc\ 493)-315'-743}$ Chr. II 756 Antioch. p. 1764 ἔκτεινον La *porrige* ist Korrektur nach der jüngeren Textform.

Syr gibt die jüngere Textform wieder.

41. 15_{17a} H^A לפני אדם חיים ומוות
17b אשר יחפץ ינתן לו
15_{17a} H^B לפני אדם חיים ומות
17b וכל שיחפץ יתן לו
15_{17b} H^{Bmg} ינתן
Gr ἔναντι ἀνθρώπων ἡ ζωὴ καὶ ὁ θάνατος,
καὶ ὃ ἐὰν εὐδοκήσῃ, δοθήσεται αὐτῷ
La *ante hominem vita et mors bonum et malum*
quod placuerit ei dabitur illi
Syr אתיהבו גיר לבנ̈ינשא ח̈יא ומותא
דנגבון ח̈יא ונשבקון מותא

$H^{A\ Bmg}$ überliefert die ältere, H^B die jüngere Textform, vgl. II Sam 21_6 K ינתן bzw. Q יתן und biblisch-hebräisch אשר bzw. mischnisch-hebräisch וכל ש. Zum Nebeneinander von H^A אשר יחפץ und H^B וכל שיחפץ ist 15_{11b} $H^{A\ B2}$ כי את אשר שנא H^{B1} כי כל אשר שנא zu vergleichen.

Gr(La) übersetzt die ältere Textform. $Gr^{a\ 429\ 613c}$ Arm Antioch. p. 1764 ἀνθρώπου La *hominem* und $Gr^{L(exc\ 248)-694\ 755}$ Antioch. ζωὴ καὶ θάνατος sind Korrekturen nach H, $Gr^{315'}$ ὃ ἐάν La *quod* ist Korrektur nach der älteren Textform. La *bonum et malum* ist Zusatz gemäß Dtn 30_{15} Gr ἰδοὺ δέδωκα πρὸ προσώπου σου σήμερον τὴν ζωὴν καὶ τὸν θάνατον, τὸ ἀγαθὸν καὶ τὸ κακόν V *considera quod hodie proposuerim in conspectu tuo vitam et bonum et e contrario mortem et malum*[98]).

Syr schließt sich an Dtn 30_{19} וח̈יא ומ̈יתא יהבת קדמיכון בור̈כתא ולו̈טתא גבי לך ח̈יא an. Syr (אתיהבו) גיר לבנ̈ינשא entspricht Arm *quia ante hominem*.

42. 15_{18a} H^A ספקה חכמת יי
18b אמיץ גבורות וחוזה כל
15_{18a} H^{B1} כי לרו[ו]ב חכמת ייי
18b אל בגבורה ומביט לכל

15_{18a} H^{B2} ספקה חכמת ייי
18b אמיץ גבורות וחוזה כל

Gr ὅτι πολλὴ ἡ σοφία τοῦ κυρίου·
ἰσχυρὸς ἐν δυναστείᾳ καὶ βλέπων τὰ πάντα

La *quoniam multa sapientia Dei*
et fortis in potentia videns omnes sine intermissione

Syr מטל דגברא הי חכמתה דאלהא
ותקיף גבר̈ותא הו

H^{B1} überliefert die ältere, $H^{A\ B2}$ die jüngere Textform, vgl. Ps 36_7 42_3 50_1 57_3 $68_{20.36}$ 80_{11} 82_1 M אל bzw. T תקיפא (T תקיפא = M אמיץ II Sam 15_{12} Jes 40_{26} Am 2_{16}).

Gr(La) übersetzt die ältere Textform, vgl. 12_{18b} II Chr 14_{14} 15_9 16_8 17_5 $18_{1.2}$ 20_{25} $24_{11.24}$ 27_3 29_{35} 30_{13} 32_5 H^A(M) לרוב = Gr πολύς und Num 24_4 II Sam $22_{31-33.48}$ 23_5 Jes 9_5 Ps 7_{12} 42_3 Hi 22_{13} 33_{29} 34_{31} $36_{22.26}$ $37_{5.10}$ M אל = Gr ἰσχυρός. La *Dei* entspricht Gr^{l} τοῦ θεοῦ, La *et fortis* $Gr^{L'-743}$ καὶ ἰσχυρός. La *sine intermissione* ist Zusatz gemäß 17_{19b} Gr καὶ οἱ ὀφθαλμοὶ αὐτοῦ ἐνδελεχεῖς ἐπὶ τὰς ὁδοὺς αὐτῶν La *et oculi eius sine intermissione inspicientes in viis eorum* und 20_{26b} Gr καὶ ἡ αἰσχύνη αὐτοῦ μετ' αὐτοῦ ἐνδελεχῶς La *et confusio illius cum ipso sine intermissione*.

Syr gibt die jüngere Textform wieder, verbindet jedoch dabei $15_{18b\beta}$ mit $15_{19a\alpha}$. Syr מטל דגברא ist von Gr(La) ὅτι πολλή abhängig. Syr ותקיף entspricht $Gr^{L'-743}$(La) καὶ ἰσχυρός.

43. 15_{19a} H^A עיני אל יראו מעשיו
19b והו יכיר כל מפעל איש
15_{19a} H^B [עיני אל יראו מ]עשיו
19b והוא יכיר כל מפעל אנוש

Gr καὶ οἱ ὀφθαλμοὶ αὐτοῦ ἐπὶ τοὺς φοβουμένους αὐτόν,
καὶ αὐτὸς ἐπιγνώσεται πᾶν ἔργον ἀνθρώπου

La *oculi Dei ad timentes eum*
et ipse agnoscit omnem operam hominis

Syr וכלמדם עינ̈והי חזין
ותכם כלהין תר̈עיתהון דבנ̈י אנשא

H^A והו] = והוא[99]).

Zum Nebeneinander von H^A איש und H^B אנוש ist
11_{4d} H^A מאדם H^B מאנוש und
37_{25a} H^B איש H^D אנוש zu vergleichen.

Gr(La) καὶ οἱ ὀφθαλμοὶ αὐτοῦ ἐπὶ τοὺς φοβουμένους αὐτόν ist mit 34_{19a} Gr οἱ ὀφθαλμοὶ κυρίου ἐπὶ τοὺς ἀγαπῶντας ($Gr^{46\ 307}$ φοβουμένους) αὐτόν La (34_{15b}) *et oculi Dei* ($La^{CXQΘH}$ *Domini*) *in diligentes se* (34_{19a}) *oculi Domini super timentes eum* und Ps 33_{18} M הנה עין יהוה אל־יראיו

= Gr ἰδοὺ οἱ ὀφθαλμοὶ κυρίου ἐπὶ τοὺς φοβουμένους αὐτόν kontaminiert[100]). Gr[46 542] καὶ οἱ ὀφθαλμοὶ κυρίου La *oculi Dei* (La[V] *Domini*), vgl. Sa οἱ ὀφθαλμοὶ αὐτοῦ, ist Korrektur nach H.

Syr עינוהי entspricht Sa οἱ ὀφθαλμοὶ αὐτοῦ. Siehe zu 15_{18b}.

44. 15_{20a} H[A] לא צוה אנוש לחטא
$20b$ (1) ולא החלים אנשי כזב
(2) ולא מרחם על עושה שוא ועל מגלה סוד
15_{20a} H[B] [לא צוה אנוש] ל[ח]טא
$20b$ (3) ולא למד שקרים לאנשי כזב
(1) [ולא החלים אנשי] כזב
(2) ולא מרחם על עושה שוא ועל מגלה סוד

Gr οὐκ ἐνετείλατο οὐδενὶ ἀσεβεῖν
καὶ οὐκ ἔδωκεν ἄνεσιν οὐδενὶ ἁμαρτάνειν

La *nemini mandavit impie agere*
et nemini dedit spatium peccandi

Syr לא פקד לבנ̈ינשא דנחטון
ולא אמר לבנ̈י בסרא דנעולון
ולא מרחם על עבד̈י שוקרא

(1) stellt die ältere, (2) die jüngere Textform dar, vgl. Prov 11_{13} M הולך רכיל מגלה־סוד 20_{19} M גולה־סוד הולך רכיל 25_9 M וסוד אחר אל־תגל.
(3) ist eine Weiterbildung der älteren Textform.

Gr(La) übersetzt die ältere Textform, während Syr die ältere und die jüngere Textform wiedergibt, dabei aber ועל מגלה סוד unberücksichtigt läßt.

45. 16_{1a} H[A] אל תתאוה תואר נערי שוא
$1b$ ואל תשמח בבני עולה
16_{1a} H[B] [אל תתאוה תואר נער]י שוא
$1b$ ואל תשמח על בני עולה

Gr μὴ ἐπιθύμει τέκνων πλῆθος ἀχρήστων
μηδὲ εὐφραίνου ἐπὶ υἱοῖς ἀσεβέσιν

La *non enim concupiscit multitudinem filiorum infidelium et inutilium*
et ne iucunderis in filiis impiis

Syr לא תתרגרג לסוגאא דבנ̈יא חט̈יא
ולא תחדא בכל בנ̈יא דשוקרא

H[B] überliefert die ältere, H[A] die jüngere Textform.

Gr(La) übersetzt die ältere Textform. La *concupiscit* geht auf ἐπιθυμεῖ zurück (Schlatter, Herkenne, Peters). La *infidelium et inutilium* (= ἀχρήστων) ist Dublette. Gr[543] Syh Aeth ἐν υἱοῖς La *in filiis* ist Korrektur nach der jüngeren Textform. Syh verss.[p] Chr. V 312 Anton. p. 1052 πλῆθος τέκνων La *multitudinem filiorum* ist Korrektur nach H.

Syr gibt die jüngere Textform wieder. Syr לסוגאא דבנ̈יא ist von Syh verss.[p] Chr. V 312 Anton. p. 1052 πλῆθος τέκνων La *multitudinem filiorum* abhängig (Smend, Peters). Zur Einfügung von Syr כל ist 7_{17b}[101]) zu vergleichen.

46. 16_{2a} H^A וגם אם פרו אל תבע בם
$_{2b}$ אם אין אתם יראת י״י
16_{2a} H^B [וגם אם פרו אל[102) תשמח[103) בם
$_{2b}$ כי אין אתם יראת ייי

Gr ἐὰν πληθύνωσιν, μὴ εὐφραίνου ἐπ' αὐτοῖς,
εἰ μή ἐστιν φόβος κυρίου μετ' αὐτῶν

La *si multiplicentur non oblecteris super ipsos*
si non est timor Dei cum illis

Syr אפן[104) סגיו לא תחדא בהון
מטל דלא איתיהון בדחלתה דאלהא

In 16_{2a} überliefert H^B die ältere, H^A die jüngere Textform, vgl. biblisch-hebräisch תשמח bzw. jüdisch-aramäisch תבע (Smend, Peters, Segal, Harṭōm) Jes 25_9 29_{19} 35_1 41_{16} 49_{13} 61_{10} $65_{18.19}$ 66_{10} usw.

Gr(La) übersetzt die ältere Textform, vgl. 16_{1b} 32_{2b} 35_{25b} 51_{29a} Lev 23_{40} Dtn $12_{7.12.18}$ usw. H(M) שמח = Gr εὐφραίνειν. Aeth Zeno *et si*, vgl. 3_{13a} 12_{11a} H^A וגם אם = Gr καὶ ἐάν, und Gr^V Syh Aeth Zeno ἐν αὐτοῖς sind Korrekturen nach H.

Syr gibt die jüngere Textform wieder, vgl. 14_{4b} H^A יתבעבע = Syr נתדא.

In 16_{2b} überliefert H^A die ältere, H^B die jüngere Textform.

Gr(La) übersetzt die ältere Textform. Arm Chr. V 312 μετ' αὐτῶν φόβος θεοῦ ist Korrektur nach H.

Syr gibt die jüngere Textform wieder.

47. 16_{3a} H^A אל תאמין בחייהם
16_{3a} H^B [אל תאמין ב]חייהם
Gr μὴ ἐμπιστεύσῃς τῇ ζωῇ αὐτῶν
La *non credas vitae illorum*
Syr לא תתכל על חי̈הון

Syr vertauscht die Verben von 16_{3a} und 16_{3b}, vgl. 15_2.

48. 16_{3b}(1) H^A ואל תבטח בעקבותם
(2) כי לא תהיה להם אחרית טובה
16_{3b}(3) H^B ואל תבטת בחיליהם
(1) [ואל תבטח ב]עקבותם
(2) כי לא תהיה להם אחרית טובה
Gr$^{B\ 46}$ καὶ μὴ ἔπεχε ἐπὶ τὸν τόπον αὐτῶν
La *et ne respexeris in labores illorum*
Syr ולא תהימן דהויא להון חרתא טבתא

(1) stellt die ältere, (2) die jüngere Textform dar, vgl. Gen 3_{15} Ps 49_6 M עקב bzw. T סופא (T סופא = M אחרית Gen 49_1 Num 23_{10} $24_{14.20}$

Dtn 4_{30} 8_{16} 11_{12} 31_{29} $32_{20.29}$ usw.) und T^{JII} zu Gen 3_{15} עקב: בסוף עקב יומיא ביומוי דמלכא משיחא, Raschi zu Ps 89_{52} עקבות משיחך: סופי מלך המשיח ולשון משנה[105] הוא בעקבות המשיח חוצפא יסגא sowie David Altschul (מצודת ציון) zu Ps 119_{33} עקב. ענין סוף ואחרית ע״ש שהעקב הוא סוף הגוף ובעבור זה יקרא גם השכר בלשון עקב כמ״ש והיה עקב תשמעון (Dtn 7_{12}) כי השכר סוף המעשה. (3)ist eine Weiterbildung der älteren Textform auf Grund von Ps $49_{6b.7a}$ עון עקבי יסובני: הבטחים על חילם.

Gr(La) übersetzt die ältere Textform, vgl. 10_{16a} H^A עקבת = Gr (La) χώρας. La *in labores illorum* entspricht Gr^{679} ἐπὶ τὸν κόπον αὐτῶν. Gr^{rel} ἐπὶ τὸ πλῆθος αὐτῶν ist mit 16_{1a} μὴ ἐπιθύμει τέκνων πλῆθος ἀχρήστων kontaminiert (Fritzsche, Herkenne, Ryssel, Smend, Peters, Segal).

Syr zieht mit Rücksicht auf Gr die ältere und die jüngere Textform in einen Stichus (= ואל תבטח כי תהיה להם אחרית טובה) zusammen. Siehe zu 16_{3a}.

49. 16_{3c} H^A כי טוב אחד עושה רצון מאלף

16_{3c} H^B [כי טוב] אחד עושה רצון אל מאלף

Gr κρείσσων γὰρ εἷς ἢ χίλιοι

La *melior est enim unus timens Deum quam mille filii impii*

Syr מטל דטב הו חד דעבד צבינא מן אלפא[106]

H^B überliefert die ältere, H^A die jüngere Textform. Zum Nebeneinander von H^A רצון und H^B רצון אל ist 15_{15b} $H^{A\ Bmg}$ רצונו H^B רצון אל zu vergleichen.

Gr κρείσσων γὰρ εἷς ἢ χίλιοι (= כי טוב אחד מאלף) ist der ursprüngliche Text. Chr. II 259 III 65/67.518 IV 186.193.363 V 312 IX 74.189.203 XI 350 XII 169.188.614 XIII 188 εἷς ποιῶν τὸ (> IV 193 XII 188) θέλημα κυρίου ist Korrektur nach der älteren Textform[107]). La *timens Deum* beruht auf φοβούμενος (τὸν) κύριον (= ירא ה׳), vgl. 16_{4a} $H^{A\ B1}$ ירא י״י Syr דדחל לאלהא. La *filii impii* entspricht Anton. p. 1052 υἱοὶ ἀσεβεῖς, vgl. 16_{1b} Gr ἐπὶ υἱοῖς ἀσεβέσιν La *in filiis impiis*.

Syr gibt die jüngere Textform wieder.

50. 16_{3d} H^A(1) ומות ערירי ממי שהיו לו בנים רבים [עו]לה

(2) ומאחרית זדון

16_{3d} H^{B1} ומות ערירי מאחרית זדון

16_{3d} H^{B2}(1) [סו]ב מות ערירי ממי שיהיו לו בנים רבים בני עולה

(2) ומאחרית זדון

Gr καὶ ἀποθανεῖν ἄτεκνον ἢ ἔχειν τέκνα ἀσεβῆ

La *et utile mori sine filiis quam relinquere filios impios*

Syr והו דמאת דלא בנ̈יא מן הו דהוין לה בנ̈יא סג̈יאא דעולא

H^{B1} überliefert die ältere, H^A die jüngere Textform, vgl. Obadja Sforno zu Num 23_{10} ותהי אחריתי כמוהו. ובלבד שתהיה אחריתי וצאצאי מעי כמו ישראל. כי אמנם בניו של אדם ויוצאי חלציו נקראים אחריתו כמו

(Dan 11_4) ולא לאחריתו (Ps 109_{13}) תהי אחריתו להכרית וכן, Ibn Esra zu Am 4_2 שהוא בנו (Dan 11_4) ואחריתכן הבן שיעמוד אחרי כן כמו ולא לאחריתו, zu Am 9_1 (Dan 11_4) ואחריתם. בניהם כמו ולא לאחריתו und zu Ps 109_{13} (Dan 11_4) יהי. בנו כמו ולא לאחריתו, David Kimchi zu Am 4_2 ואחריתכן כמו בניכן ובנותיכן. וכן ותתץ לארבע רוחות השמים ולא לאחריתו (Dan 11_4) כלומר ולא לאחריתו. ולא תבא sowie Raschi zu Dan 11_4 לא תשאר המלכות לבנו הממשלה לבניו אלא לבני משפחתו אחריתו אינו נופל אלא על לשון בנים וכן הוא אומר (Am 4_2) ונשא אתכם בצנות ואחריתכם בסירות דוגה. ות״י ובניכון ובנתיכון בדוגית ציידין. Siehe ferner Dtn 17_{12} 18_{22} Jer 49_{16} Ez 7_{10} Ob $_3$ M זדון bzw. T רשעא (T רשעא = M עולה II Sam 7_{10} Hos 10_{13} Hi $6_{29.30}$ I Chr17_9). H^{B2} ist eine erweiterte Fassung von H^{A}, die unter dem Einfluß von 16_{3c} $H^{A(B)}$ כי טוב אחד עושה רצון (אל) מאלף und von 16_{1b} II Sam 3_{34} 7_{10} I Chr 17_9 בני עולה entstanden ist.

Gr(La) übersetzt die ältere Textform, vgl. 11_{28b} 32_{22b} Jer 31_{17} Ps 109_{13} H(M) אחרית = Gr τὰ τέκνα. Gr[421] Anton. p. 1052 κρεῖσσον ἀποθανεῖν Aeth καὶ κρεῖσσον ἀποθανεῖν La *et utile mori* ist Korrektur nach der erweiterten Fassung der jüngeren Textform.

Syr gibt die jüngere Textform wieder.

51. 16_{4a} H^{A} מאחד עירירי ירא י״י תשב עיר
4b וממשפחת בגדים תחרב
16_{4a} H^{B1} מאחד עירירי ירא ייי תשב עיר
4b וממשפחות בוגדים תחרב
16_{4a} H^{B2} מאחד נ[בו]ן תשב עיר
4b וממשפחת בוגדים תחרב

Gr ἀπὸ γὰρ ἑνὸς συνετοῦ συνοικισθήσεται πόλις,
φυλὴ δὲ ἀνόμων ἐρημωθήσεται

La *ab uno sensato inhabitabitur patria*
et a tribus impiis deseretur

Syr מן חד גיר דדחל לאלהא תתמלא כלה קריתא
ומן סוגאא דבנ̈ינשא עו̇לא תחרב

$H^{A\ B1}$ עירירי] dl (Lévi, Smend, Peters, Segal, Hamp, Di Lella); vertikale Dittographie: 16_{3d} $H^{A\ B1}$ ומות עירירי H^{B2} [טו]ב מות עירירי.

H^{B2} überliefert die ältere[108]), $H^{A\ B1}$ die jüngere Textform, vgl. 9_{15a} H^{A} עם נבון Gr μετὰ συνετῶν La *et in sensu* bzw. Syr עם מן דדחל לאלהא und Prov 31_{30} Gr γυνὴ γὰρ συνετή bzw. M אשה יראת יהוה Gr γυναικὸς ... φόβον δὲ κυρίου dupl. Syr איתתא ואנתתא דדחלא מן מריא T איתתא דחלתיה דאלהא V *mulier timens Dominum*[109]).

Gr(La) übersetzt die ältere Textform, vgl. 7_{25b} 9_{15a} 33_{3a} I Sam 16_{18} Jes 3_3 usw. H(M) נבון = Gr συνετός. Zur Einfügung von Gr γάρ ist 3_{14a} zu vergleichen[110]). La *impiis* (La^{V} *impiorum*) entspricht Gr^{L} ἀσεβῶν. Siehe zu 16_{3c}.

Syr gibt die jüngere Textform wieder, vgl. 15_{1a} H^{AB} ירא יי = Syr דדחל לאלהא. Syr מן חד גיר (= ἀπὸ γὰρ ἑνός) ist von Gr abhängig, vgl. Syh מן חד גיר. Zur Einfügung von Syr כלה siehe zu 7_{17b}[111]).

52. 16_{5a} H^{A} רבות כאלה ראתה עיני
$_{5b}$ ועצמות כאלה שמעה אזני
16_{5a} H^{B} רבות כאלה [ראתה] עינ[י]
$_{5b}$ ועצומות באלה שמעה אזני

Gr πολλὰ τοιαῦτα ἑόρακεν ὁ ὀφθαλμός μου,
καὶ ἰσχυρότερα τούτων ἀκήκοεν τὸ οὖς μου

La *multa talia vidit oculus meus*
et fortiora horum audivit auris mea

Syr דסגיאַן מן הלין חזת עיני
ודעשינַן מן הלין שמעת אדני

H^{A} כאלה 2^{0}] l c Gr (La Syr) τούτων באלה (Di Lella)[112]; Verschreibung von ב zu כ[113]) unter Angleichung an כאלה 1^{0}. Das umgekehrte Versehen findet sich in Syr (Ryssel, Segal).

53. 16_{6a} H^{A} בעדת רשעים יוקדת אש
$_{6b}$ ובגוי חנף נצתה חמה
16_{6a} H^{B} בעדת רשעים רשפה[114]) להבה
$_{6b}$ ובגוי חנף נצתה [חמה]
16_{6a} H^{Bmg} יוקדת אש

Gr ἐν συναγωγῇ ἁμαρτωλῶν ἐκκαυθήσεται πῦρ,
καὶ ἐν ἔθνει ἀπειθεῖ ἐξεκαύθη ὀργή

La *in synagoga peccantium exardebit ignis*
et in gente incredibili exardescit ira

Syr בכנושתא דעולא יקדא נורא
ובעמא דמרגז שלטא חמתא

H^{B} überliefert die ältere, $H^{A\ Bmg}$ die jüngere Textform, vgl. Num 21_{28} M אש ... להבה; Jes 10_{17} M לאש ... ללהבה; Jes 43_{2} M במו־אש ... ולהבה; Jes 47_{14} M אש ... להבה; Jer 48_{45} M אש ... ולהבה; Joel 1_{19} אש ... ולהבה; Joel 2_{3} M אש ... ולהבה; Ob $_{18}$ M אש ... להבה; Ps 83_{15} M כאש ... וכלהבה; Ps 106_{18} אש ... להבה.

Gr(La) übersetzt die ältere Textform, vgl. 43_{21b} Jes 10_{17} H^{B}(M) להבה = Gr πῦρ.

Syr gibt die jüngere Textform wieder, vgl. Jes 65_{5} M אש יקדת = Syr ונורא דיקדא.

54. 16_{7a} H^{A} אשר לא נשא לנסיכי קדם
$_{7b}$ המורים עולם בגבורתם
16_{7a} H^{B} אשר לא נשא לנסיכי קדם
$_{7b}$ המורדים בגבורתם
16_{7b} H^{Bmg} בגב[ורם][115])

Gr οὐκ ἐξιλάσατο περὶ τῶν ἀρχαίων γιγάντων,
οἳ ἀπέστησαν τῇ ἰσχύι αὐτῶν

La *non exoraverunt pro peccatis suis antiquis gigantibus qui destruxerunt confidentes suae virtuti*

Syr לא שבק למלכא קדמיא
דמלו עלמא בגנברותהון

H^B überliefert die ältere, H^A die jüngere Textform, vgl. Gen 14_4 Num 14_9 M מרד = T מרד (T מרד = M מרה Dtn $21_{18.20}$) und David Altschul (מצודת דוד) zu Neh 9_{26} וימרו וימרדו הוא כפל ענין במ״ש. Zur Einfügung von עולם «Welt» ist 3_{18a} zu vergleichen[116]).

Gr(La) übersetzt die ältere Textform, vgl. Gen 14_4 Jos $22_{18.19.29}$ Ez 17_{15} Dan $9_{5.9}$ Neh 9_{26} II Chr 13_6 M מרד = Gr ἀφιστάναι. La *exoraverunt* entspricht $Gr^{46\ 755}$ ἐξιλάσαντο. La *pro peccatis suis* ist Zusatz gemäß 3_3 Gr ἐξιλάσεται ἁμαρτίας La *exorabit pro peccatis*. La *destruxerunt confidentes* ist Dublette aus Gr ἀπέστησαν und Aeth ἐπίστευσαν. Syh Sa Aeth ἐν τῇ ἰσχύι αὐτῶν (vgl. $Gr^{L'}$ ἐν τῇ ἰσχύι τῆς ἀφροσύνης αὐτῶν) ist Korrektur nach H.

Syr gibt die jüngere Textform wieder, wobei er המורים unter dem Einfluß von Gen 6_{11} M ותמלא הארץ חמס Syr ואתמלית ארעא עולא und Gen 6_{13} M כי מלאה הארץ חמס מפניהם Syr מטל דאתמלית ארעא עולא מן קדמיהון so übersetzt, als hätte er ה(מ)מלאים (Segal) gelesen.

Zusammenfassung

Von den 54 Stichen und Distichen, die in H^A und H^B parallel überliefert sind, bieten 14[117]), wenn man von geringfügigen Unterschieden in der Plene- und Defektivschreibung und von gelegentlichen Lese- und Schreibfehlern[118]) absieht, in beiden Handschriften denselben Text. In den verbleibenden 40 Halbversen und Versen[119]) weisen die Lesarten von H^A und H^B erhebliche Differenzen auf, die sich nur durch die Annahme erklären lassen, daß in ihnen zwei verschiedene Formen des hebräischen Sirach-Textes vorliegen.

In Anbetracht der Tatsache, daß die Handschriften A und B in Sir 10_{19}–11_{10} $15_1 1$–6_7 mit Dubletten, Tripletten und Marginallesarten geradezu überladen sind, ist diese Zusammenfassung im folgenden aufzugliedern:

1. H^A gegen H^B.

10_{20b}	H^A	בעיניו	H^B	נכבד ממנו
22a	H^A	גר וזר	H^B	גר זר
22b	H^A	אלהים	H^B	ייי
24a	H^A	ומושל ושופט	H^B	שופט ומושל
25b	H^A	נוסר	H^B	משכיל
26a	H^A	לעבד	H^B	לעשות

$29a$	H^A	מרשיע	H^B	בני מרשיע
$30b$	H^A	ויש איש	H^B	ויש איש עשיר
11_{4d}	H^A	מאדם	H^B	מאנוש
$9a$	H^A	עצבה	H^B	עצה
$9b$	H^A	וברב	H^B	ובריב
15_{12b}	H^A	כי אין	H^B	כי אין לו
$13a$	H^A	י״י	H^B	אלהים
$16a$	H^A	אש ומים	H^B	מים ואש
$16b$	H^A	שלח	H^B	תשלח
$17b$	H^A	אשר יחפץ	H^B	וכל שיחפץ
$19b$	H^A	איש	H^B	אנוש
16_{1b}	H^A	בבני עולה	H^B	על בני עולה
$2b$	H^A	אם אין	H^B	כי אין
$3c$	H^A	עושה רצון	H^B	עושה רצון אל
$7b$	H^A	המורים עולם	H^B	המורדים

Abgesehen von 10_{22b} (H^A אלהים H^B ייי) und 15_{13a} (H^A י״י H^B אלהים), von 11_{4d} (H^A מאדם H^B מאנוש) und 15_{19b} (H^A איש H^B אנוש) sowie von 10_{22a} (H^A גר וזר H^B גר זר) und 10_{30b} (H^A ויש איש H^B ויש איש עשיר), wo die Unterschiede zwischen den Lesarten von H^A und H^B zu wenig charakteristisch sind, als daß man sie einer bestimmten Textform zuweisen könnte, überliefert H^A in $10_{20b.29a}$ $15_{16a.17b}$ 16_{2b} die ältere, in $10_{24a.25b.26a}$ $11_{9a.9b}$ $15_{12b.16b}$ $16_{1b.3c.7b}$ die jüngere Textform. Umgekehrt bezeugt H^B in $10_{24a.25b.26a}$ $11_{9a.9b}$ $15_{12b.16b}$ $16_{1b.3c.7b}$ die ältere, in $10_{20b.29a}$ $15_{16a.17b}$ 16_{2b} die jüngere Textform. Die Umgestaltung der älteren in die jüngere Textform ist in 15_{16a} (H^A אש ומים H^B מים ואש) durch Korrektur nach der Parallelstelle Sir 39_{26b} H^B מים ואש, in 10_{26a} durch «Lehnübersetzung», in 16_{7b} durch «umgekehrte Lehnübersetzung», vgl. David Altschul, מצודת דוד, zu Neh 9_{26}, und in 10_{25b} durch «gekoppelte Lehnübersetzung» verursacht worden. In 15_{17b} und in 16_{7b} weist die jüngere Textform außerdem mischnisch-hebräische Wendungen auf.

Wegen der Synonymität der Lesarten der älteren und der jüngeren Textform läßt sich die Vorlage der alten Versionen in 10_{26a} und 11_{9a} nicht feststellen. Läßt man diese beiden Stichen außer Betracht, übersetzt Gr(La) mit Ausnahme von 16_{3c}, wo er den *ursprünglichen Text* wiedergibt, stets die ältere Textform. Syr ist in 15_{17b} mit Dtn 30_{19} kontaminiert. In 15_{16a} tradiert er die ältere, sonst durchweg die jüngere Textform. Das gilt implicite auch von 10_{25b} und 15_{12b}, wo Syr von Gr II bzw. Gr abhängig ist.

Die aus Gr II stammenden Sonderlesarten sind teils Korrekturen nach dem hebräischen Text schlechthin[120]), teils solche nach der älteren[121]) oder der jüngeren[122]) Textform. Dabei verdienen die Korrekturen in $15_{16a.16b}$ und 16_{1b} besondere Beachtung. Denn sie gestatten einen Einblick in die verschiedenen Stadien der Umgestaltung des hebräischen Sirach-Textes:

15_{16a}: Gr πῦρ καὶ ὕδωρ = H^{A}(Syr) אש ומים
La *aquam et ignem* = H^{B} מים ואש.

15_{16b}: Gr ἐκτενεῖς = H^{B} תשלח
$Gr^{L(exc\ 493)-315'-743}$ Chr. II 756 Antioch. p. 1764 ἔκτεινον La *porrige* = H^{A}(Syr) שלח[123]).

16_{1b}: Gr ἐπὶ υἱοῖς ἀσεβέσιν = H^{B} על בני עולה
Gr^{543} Syh Aeth ἐν υἱοῖς ἀσεβέσιν La *in filiis impiis* = H^{A}(Syr) בבני עולה.

2. H^{AB} gegen die Dubletten von H^{B}.

11_{3}	H^{A}	אליל בעוף דברה וראש תנובות פריה
	H^{B2}	אליל בעוף דבורה וראש תנובות פריה
	H^{B1}	קטנה בעוף דבורה וראש תנובות פריה
11_{4ab}	H^{A}	בעטה אזר אל תהתל ואל תקלס במרירי יום
	H^{B2}	בעוטה אזור אל תהתל ואל תקלס במרירי יום
	H^{B1}	במעוטף בגדים אל תתפאר ואל תקלס כמרירי יום
11_{5}	H^{A}	רבים נדכאים ישבו על כסא ובל על לב עטו צניף
	H^{B1}	רבים נדכאים ישבו על כסא ובל על לב עטו צניף
	H^{B2}	רבים נדכאים ישבו על כסא ושפלי לב יעטו צניף
11_{6b}	H^{A}	... נתנו ביד
	H^{B2}	... נתנו ביד
	H^{B1}	... נתנו ביד זעירים
11_{7}	H^{A}	בטרם תחקור אל תסלף בקר לפנים ואחר תזיף
	H^{B2}	בטרם תחקור אל תסלף בקר לפנים ואחר תזיף
	H^{B1}	[ ]אול ובקה לפנים שפוט
11_{8}	H^{A}	בני אל תשיב דבר טרם תשמע ובתוך שיחה אל תדבר
	H^{B2}	בני אל תשיב דבר בטרם תשמע ובתוך שיחה אל תדבר
	H^{B1}	בטרם תשמע אל תשיב ובתוך שיחה אל תדבר
11_{10cd}	H^{A}	בני אם לא תרוץ לא תגיע ואם לא תבקש לא תמצא
	H^{B2}	בני אם לא תרוץ לא תגיע ואם לא תבקש לא תמצא
	H^{B1}	אם תברח לא תדביק ולא תמלט אם תנוס
15_{11a}	H^{A}	אל תאמר מאל פשעי
	H^{B1}	אל תאמר מאל פשעי
	H^{B2}	אל תאמר מה פעלתי
15_{11b}	H^{A}	כי את אשר שנא לא עשה
	H^{B2}	כי את אשר שנא לא עשה
	H^{B1}	כי כל אשר שנא אמר לך
15_{18}	H^{A}	ספקה חכמת י'י אמיץ גבורות וחוזה כל
	H^{B2}	ספקה חכמת ייי אמיץ גבורות וחוזה כל
	H^{B1}	כי לרוב חכמת ייי אל בגבורה ומביט לכל

16_{4a} H^{A} מאחד ירא י״י תשב עיר
H^{B1} מאחד ירא ייי תשב עיר
H^{B2} מאחד נבון תשב עיר
16_{4b} H^{A} וממשפחת בגדים תחרב
H^{B2} וממשפחת בוגדים תחרב
H^{B1} וממשפחות בוגדים תחרב

H^{AB} überliefert in $11_{5.7}$ $15_{11a.11b}$ 16_{4b} die ältere, in $11_{3.4ab.6b.8.10cd}$ 15_{18} 16_{4a} die jüngere Textform. Umgekehrt tradiert H^{B} in $11_{3.4ab.6b.8.10cd}$ 15_{18} 16_{4a} die ältere, in $11_{5.7}$ $15_{11a.11b}$ 16_{4b} die jüngere Textform. Die Umgestaltung der älteren in die jüngere Textform ist in 11_{8a} (H^{B1} בטרם תשמע אל תשיב $H^{A\ B2}$ בני אל תשיב דבר [ב]טרם תשמע) durch Korrektur nach der Parallelstelle Prov 18_{13} משיב דבר בטרם ישמע, in 11_{4a} durch «umgekehrte Lehnübersetzung», in 11_{10c}, vgl. Nachmanides zu Gen 31_{23}, und 15_{18b} durch «gekoppelte Lehnübersetzung» und in 11_{7b} durch «einfache Entlehnung» verursacht. In 11_{3a} weist die jüngere Textform außerdem eine mischnisch-hebräische Wendung auf.

Besonders interessant ist die Umgestaltung in 11_{4b}, wo die ältere Textform H^{B1} כמרירי יום, die jüngere $H^{A\ B2}$ במרירי יום liest. Die gleiche Veränderung spiegelt sich in dem Nebeneinander von Hi 3_{5} כמרירי יום und 1Q H V 34 במרירי יום wider. Sie wird dadurch veranlaßt sein, daß man כמרירי nicht mehr von כמר, sondern von מרר ableitete, eine Annahme, welche durch die Erklärungen von Hi 3_{5} bei Levi ben Gerson רוצה לומר חמימות (Thr 5_{10}) הוא מענין עורני כתנור נכמרו היום ובא במשקל סגריר (Prov 27_{15}) והרצון בו שיבעתהו האידים העולים בסבת תמימות היום עד שימנעו אורו einerseits, bei Raschi שדים המושלים בצהרים כמו קטב מרירי והוא מושל בצהרים שנאמר ומקטב ישוד צהרים (Ps 91_{6}) und Ibn Esra ויש אומרים כי הכף (Dtn 32_{24}) כמו קטב מרירי כמו כחצי הלילה כמסיגי גבול (Hos 5_{10}) ועניין מרירי יום חוזק החום הדומה לסם המות ואם נולד בלילה ההוא יקחהו אופל andererseits ihre Bestätigung findet.

Gr(La) übersetzt stets die ältere Textform. Syr ist in 11_{6b} mit 26_{28d} kontaminiert. In $11_{5.7}$ 15_{11b} 16_{4b} gibt er die ältere, sonst durchweg die jüngere Textform wieder. Das gilt implicite auch von 11_{8} und 15_{11a}, wo Syr von Gr II bzw. Gr abhängig ist.

Die aus Gr II stammenden Sonderlesarten sind teils Korrekturen nach dem hebräischen Text schlechthin[124]), teils solche nach der älteren[125]) oder der jüngeren[126]) Textform. Dabei verdienen die Korrekturen in 11_{8a} und 16_{4a} besondere Beachtung. Denn sie gestatten einen Einblick in die verschiedenen Stadien der Umgestaltung des hebräischen Sirach-Textes:

11_{8a}: Gr πρὶν ἢ ἀκοῦσαι μὴ ἀποκρίνου
= H^{B1} בטרם תשמע אל תשיב
Clem. (La Syr) πρὶν τὲ ἀκοῦσαί σε μὴ ἀποκρίνου ῥῆμα vgl. $H^{A\ B2}$ בני אל תשיב דבר (ב)טרם תשמע.

16_{4a}: Gr(La) ἀπὸ γὰρ ἑνὸς συνετοῦ = H^{B2} מאחד נבון
La (16_{3c}) *timens Deum* = $H^{A\ B1}$(Syr) ירא יי.

3. H^{AB} gegen die Dubletten von H^{AB}.

10_{31} H^{A1} נכבד בעוניו בעשרו איככה
ונקלה בעשרו בעוניו איככה
H^{A2} המתכבד בדלותו בעשרו מתכבד יתר
והנקלה בעשרו בדלותו נקלה יותר
H^{B1} נכבד בעוניו בעשרו איככה
ונקלה בעשרו בעוניו איככה
H^{B2} המתכבד בדלותו בעשרו מתכבד יתר
והנקלה בעשרו בדלותו נקלה יתר

15_{14b} H^{A1} וישתיהו ביד חותפו
H^{A2} ויתנהו ביד יצרו
H^{B1} וישיתהו ביד חותפו
H^{B2} ויתנהו ביד יצרו

In 10_{31} und 15_{14b} überliefern $H^{A1\ B1}$ bzw. $H^{A2\ B2}$ die ältere, $H^{A2\ B2}$ bzw. $H^{A1\ B1}$ die jüngere Textform. Die Umgestaltung der älteren in die jüngere Textform ist in 10_{31} und 15_{14b} durch «gekoppelte Lehnübersetzung» verursacht worden. In 10_{31} weist die jüngere Textform außerdem mischnisch-hebräische Wendungen auf.

Gr(La) und Syr geben die ältere Textform wieder. Die aus Gr II stammenden Sonderlesarten in 10_{31} sind Korrekturen nach der älteren Textform.

4. H^{AB} gegen die Dubletten von H^{AB} und die Tripletten von H^{B}.

11_{6a} H^{A1} רבים נשאים נקלו מאד
H^{A2} והשפלו יחד
H^{B3} רבים נשאים נקלו מאד
H^{B1} רבים נשאים נקלו מאד
H^{B2} והושפלו יחד

15_{20b} H^{A1} ולא החלים אנשי כזב
H^{A2} ולא מרחם על עושה שוא ועל מגלה סוד
H^{B3} ולא למד שקרים לאנשי כזב
H^{B1} ולא החלים אנשי כזב
H^{B2} ולא מרחם על עושה שוא ועל מגלה סוד

16_{3b} H^{A1} ואל תבטח בעקבותם
H^{A2} כי לא תהיה להם אחרית טובה
H^{B3} ואל תבטח בחיליהם
H^{B1} ואל תבטח בעקבותם
H^{B2} כי לא תהיה להם אחרית טובה

16_{3d} H^{A1} ומות ערירי ממי שהיו לו בנים רבים עולה
H^{A2} ומאחרית זדון
H^{B3} ומות ערירי מאחרית זדון

H^{B1}	טוב מות ערירי ממי שיהיו לו בנים רבים בני עולה
H^{B2}	ומאחריה זדון

In 15_{20b} 16_{3b} überliefert $H^{A1\ B1}$ die ältere, $H^{A2\ B2}$ die jüngere Textform, während H^{B3} eine Weiterbildung der jüngeren Textform bezeugt. In 11_{6a} 16_{3d} tradiert H^{B3} die ältere, $H^{A1\ 2}$ (in 11_{6a} auch $H^{B1\ 2}$) eine Addition der älteren und der jüngeren Textform. In 16_{3d} bietet $H^{B1\ 2}$ eine erweiterte Fassung jener Addition. Die Umgestaltung der älteren in die jüngere Textform ist in 16_{3b} ,vgl. David Altschul, **מצודת ציון** zu Ps 119_{33}, und in 16_{3d} durch «gekoppelte Lehnübersetzung» verursacht. In 11_{6a} weist die jüngere Textform außerdem mischnisch-hebräische Wendungen auf.

Gr(La) übersetzt stets die ältere Textform. Syr gibt in 15_{20b} die ältere und die jüngere, in 16_{3d} die jüngere Textform wieder. In 11_{6a} und 16_{3b} zieht er die ältere und die jüngere Textform in einen Stichus zusammen. Die aus Gr II stammenden Sonderlesarten in 16_{3d} sind Korrekturen nach der erweiterten Fassung der jüngeren Textform.

5. $H^{A\ Bmg}$ gegen H^{B}.

10_{30a}	H^{A}	יש דל	H^{Bmg}	[יש דל]	H^{B}	דל
11_{6a}	H^{A}	נקלו מאד והשפלו יחד	H^{Bmg}	נקלו מאד והשפלו יחד	H^{B1}	נקלו מאד
11_{6b}	H^{A}	וגם נכבדים	H^{Bmg}	וגם	$H^{B1\ 2}$	ונכבדים
11_{6b}	$H^{A\ B2}$	ביד	H^{Bmg}	ביד	H^{B1}	ביד זעירים
11_{10a}	H^{A}	עשקך	H^{Bmg}	עשקך	H^{B}	עושקך
15_{6a}	H^{A}	ימצא	H^{Bmg}	ימצא	H^{B}	תמצא
15_{11b}	$H^{A\ B2}$	כי את אשר	H^{Bmg}	[כי את אשר]	H^{B1}	כי כל אשר
15_{12b}	H^{A}	צורך	H^{Bmg}	צורך	H^{B}	חפץ
15_{13a}	H^{A}	רעה ותעבה	H^{Bmg}	רעה	H^{B}	ותועבה
15_{14a}	H^{A}	אלהים מבראשית	H^{Bmg}	אלהים מבראשית	H^{B}	הוא מראש
15_{15b}	H^{A}	ותבונה	H^{Bmg}	ותבונה	H^{B}	ואמונה
15_{15b}	H^{A}	לעשות רצונו	H^{Bmg}	לע רצונו	H^{B}	לעשות רצון אל
15_{17b}	H^{A}	ינתן	H^{Bmg}	ינתן	H^{B}	יתן
16_{2a}	H^{A}	תבע	H^{Bmg}	[תבע]	H^{B}	תשמח
16_{6a}	H^{A}	יוקדת אש	H^{Bmg}	יוקדת אש	H^{B}	רשפה להבה

$H^{A\ Bmg}$ überliefert in 11_{10a} $15_{11b.17b}$ die ältere, in 10_{30a} $11_{6a.6b}$ (bis) $15_{6a.12b.13a.14a.15b}$ $16_{2a.6a}$ die jüngere Textform und bezeugt in 11_{6a} eine Addition aus älterer und jüngerer Textform. Umgekehrt tradiert H^{B} in 10_{30a} $11_{6a.6b}$ (bis) $15_{6a.12b.13a.14a.15b}$ $16_{2a.6a}$ die ältere, in 11_{10a} $15_{11b.17b}$ die jüngere Textform. Die Umgestaltung der älteren in die jüngere Textform ist in 11_{6b} und 15_{6a} durch Korrektur nach den Parallelstellen I Sam 26_{23} II Chr 25_{20} bzw. Jes 51_{3}, in 15_{12b} durch «Lehnübersetzung» und in 15_{14a} 16_{2a} durch «einfache Entlehnung» verursacht worden. In 11_{6a} weist die jüngere Textform außerdem mischnisch-hebräische Wendungen auf.

Gr(La) ist in 15_{6a} mit 1_{11b} 6_{31b} kontaminiert. Abgesehen davon übersetzt er stets die ältere Textform. Syr ist in 11_{6b} und 15_{17b} von 26_{28d} bzw. Dtn 30_{19} beeinflußt. In 11_{6a} zieht er die ältere und die jüngere Textform in einen Stichus zusammen, in 15_{15b} gibt er eine Weiterbildung der jüngeren Textform wieder. In 15_{11b} übersetzt Syr die ältere, in 10_{30a} 11_{6b}[127]). $_{10a}$ $15_{13a\cdot 14a}$ $16_{2a.6a}$ die jüngere Textform. Das gilt implicite auch von 15_{6a} und 15_{12b}, wo Syr von Gr II bzw. von Gr abhängig ist.

Die aus Gr II stammenden Sonderlesarten in 15_{6a} und 15_{14a} sind Korrekturen nach der älteren bzw. der jüngeren Textform. Dabei verdient die Korrektur in 15_{14a} besondere Beachtung. Denn sie gestattet einen Einblick in die Umgestaltung des hebräischen Sirach-Textes:

15_{14a}: Gr αὐτός = H^{B}(Syr^{MW}) הוא
La Arm Anast. p. 485.617 ὁ θεός = $H^{A\ Bmg}$(Syr^{AL}) אלהים[128]).

6. $H^{A\ Bmg}$ gegen H^{B} und die Dubletten von H^{AB}.

15_{15b}	$H^{A1\ Bmg}$	ותבונה לעשות רצונו
	H^{B3}	ואמונה לעשות רצון אל
	$H^{A2\ B2}$	(ו)אם תאמין בו גם אתה תחיה

H^{B3} überliefert die ältere, $H^{A1\ Bmg}$ die jüngere Textform. $H^{A2\ B2}$ bezeugt eine Weiterbildung der älteren Textform, vgl. Hab 2_{4}. Gr(La) übersetzt die ältere Textform, während Syr deren Weiterbildung wiedergibt.

7. $H^{A\ Bmg}$ gegen H^{B} und H^{Bmg}.

11_{2b}	$H^{A\ Bmg}$	ואל תתעב אדם מכוער
	H^{B}	ואל תתעב אדם מעזב
	H^{Bmg}	אל תתעב אדם

H^{Bmg} überliefert die ältere, $H^{A\ Bmg}$ die jüngere Textform, vgl. 4 Q p Nah III 1f., T zu Nah 3_{6} und David Kimchi zu Jes 53_{2}. H^{B} bezeugt eine Umgestaltung der jüngeren Textform, vgl. Gen r 45.

Gr(La) übersetzt die ältere Textform. Die aus Gr II stammenden Sonderlesarten sind Korrekturen nach der jüngeren Textform. Syr gibt die jüngere Textform wieder.

8. H^{AB} gegen H^{Bmg}.

10_{22b}	H^{AB}	יראת	H^{Bmg}	ביר
10_{26a}	H^{AB}	חפצך	H^{Bmg}	דרכך
15_{5a}	H^{AB}	מרעהו	H^{Bmg}	בתוך רייעהו
16_{7b}	H^{AB}	בגבורתם	H^{Bmg}	בגבורם

H^{AB} überliefert in 10_{22b} 15_{5a} und 16_{7b} die ältere, in 10_{26a} die jüngere Textform. Umgekehrt tradiert H^{Bmg} in 10_{26a} die ältere, in 10_{22b} 15_{5a} und 16_{7b} die jüngere Textform. Die Umbildung der älteren in die jüngere Textform ist in 10_{22b} (H^{AB} תפארתם יראת ה׳ H^{Bmg} ביר) durch Korrektur nach der Parallelstelle 9_{16b} H^{A} וביראת אלהים תפארתך, in 15_{5a} (H^{AB} מרעהו H^{Bmg} בתוך ריעהו) unter dem Einfluß von 15_{5b} H^{AB} ובתוך קהל תפתח פיו entstanden.

Wegen der Synonymität der Lesarten der älteren und der jüngeren Textform läßt sich in 16_{7b} die Vorlage der alten Versionen nicht feststellen. Abgesehen davon übersetzt Gr(La) stets die ältere Textform. Syr gibt in 15_{5a} die ältere, in 10_{22b} die jüngere Textform wieder. Das gilt implicite auch von 10_{26a}, wo Syr von Gr II abhängig ist.

9. H^{A} gegen $H^{Amg\ B}$ und H^{Bmg}.

15_{3b} H^{A} ומי תבואה $H^{Amg\ B}$ ומי תבונה H^{Bmg} ומתבואתה

H^{A} und H^{Bmg} sind je für sich aus $H^{Amg\ B}$ entstellt. Gr(La) Syr übersetzen $H^{Amg\ B}$.

IV. Die Parallelüberlieferung der Handschriften A und B

1) Syr^{AL} נטר, vgl. 10_{19b} Syr מן דנטר פוקדנא und 29_{1b} Gr(La) τηρεῖ ἐντολάς Gr^{A} ποιεῖ ἐντολάς Gr^{46} Aeth ποιήσει ἐντολήν.

2) Das umgekehrte Versehen 22_{17a} Gr διανοίας συνέσεως Gr^{336} διάνοια συνετοῦ.

3) S. unten 51.

4) S. oben I.2c).

5) S. unten 5.

6) Vgl. 15_{15a} H^{AB} תשמר מצוה Syr תטר פוקדנוֹהי.

7) Vgl. Peters, Segal, Segal II, Hamp, Vogt, Harṭōm. Gegen Smend, A. A. Di Lella, The Recently Identified Leaves: [בע]מו.

8) Eine weitere Abkürzung unten 39. Vgl. G. R. Driver, Abbreviations in the Masoretic Text, Textus 1 (1960), 112–131; ders., Once Again Abbreviations, Textus 4 (1964), 76–94.

9) Syr^{AL} אכסניא (= ξένος).

10) Vgl. F. Delitzsch, a.a.O. 106 § 104b. Der gleiche Fehler Jes 25_{2} M זרים 2 Mss זדים; Jes 29_{5} M זריך 1Q Is^{a} זדיך; Ps 54_{5} M זרים קמו עלי // 86_{14} M זדים קמו עלי.

11) J. Ziegler, Lesarten, 475.

12) Vgl. Ps 69_{9} Hi 31_{32} Ruth 2_{10} Sap 16_{2} 19_{5} Gr ξένος = Syr אכסניא.

13) Syr^{AL} אפלא.

14) $Gr^{l\ 311}$ φόβος.

15) Der gleiche Fehler 32_{17a} H^{B} חכם Syr ערימא H^{Bmg} חמס Gr ἁμαρτωλός La *peccator*; 32_{18a} $H^{Bl.2}$ חכם Syr חכימא H^{Bmg} חמס Gr βουλῆς La *consilii*; Prov 11_{30} M חכם T חכמתא V *sapiens* Gr παρανόμων Syr דעוֹלא.

16) Allerdings hat Syr 21_{16b} דודיקא für Gr(La) συνετός (Smend, Di Lella).

17) S. unten 11.

18) Statt La *magnus* ist wahrscheinlich *magnas* zu lesen (Herkenne). Der gleiche Fehler 11_{1b} La *magnatorum* $La^{G\ L^*\ Q\ m\ (vid.)}$ *magnorum*; 23_{14b} La *magnatorum* $La^{G^*\ \Sigma\ M\ Q\ \Gamma}$ *magnorum*; 28_{14b} *magnatorum* La^{Θ^H} *magnorum*; 38_{3b} $La^{G\ C\ \Sigma\ \Lambda\ L\ M\ Q\ \Theta\ A'M\ S^*\ x}$ *magnorum* La^{rel} *magnatorum*; 39_{4a} La *magnatorum* $La^{G^*\ C\ \Sigma\ T\ S^*}$ *magnorum*.

19) Zum Nebeneinander von δοξάζειν und θαυμάζειν ist 7_{29b} Gr θαύμαζε Gr$^{307\ 753}$ Sa Aeth Arm δόξασον Syh^{mg} θαύμαξε. δόξασον scholium zu vergleichen.

20) S. oben 1.

21) S. oben III.34.

22) Syr^{AL} נפלחון (= λειτουργήσουσιν).

23) Syr^{L} מתרעם.

24) Vgl. F. Delitzsch, a.a.O. 109 § 106a.

25) Vgl. F. Delitzsch, a.a.O. 103 § 103a.

26) Vgl. F. Delitzsch, a.a.O. 106 § 104b.

27) Die gleiche Korrektur 7_{19a} H^{A} משכלת Gr σοφῆς La *sensata*.

28) Vgl. 40_{29d} Gr ἐπιστήμων καὶ πεπαιδευομένος = La *disciplinatus et eruditus*.

29) Syr^{L} ולא.

30) Syr^{A} תתחבן; Haplographie.

31) Gegen Smend, Segal: חפצך.

32) Gr^{A} ὑστερῶν (ex 11_{12b}); Gr^{543} προσδεόμενος (ex Prov 12_9).

33) = Syr^{L} טב הו גיר; Syr^{A} טב הו; Syr^{W} טב הו גברא (ex Prov 12_9).

34) Syr^{A} om.; Syr^{LW} מזונא. Der gleiche Fehler 41_{2d} Syr^{AL} ממונא Syr^{MW} מזונא.

35) Gegen Peters: «*Pane* Lat (= ἄρτων Gr) erklärt מזון (*Nahrungsmittel*) des Syr frei».

36) Vgl. F. Delitzsch, a.a.O. 104 § 103b.

37) Vgl. jedoch Knabenbauer: «*et da illi*, animae tuae, tibi».

38) S. oben II.13., Anm. 53.

39) Syr^{AL} ניקר.

40) H^{Bmg} ist nicht erhalten.

41) Vgl. 37_{23a} H^{BmgD} ויש Syr ואית Gr ἀνήρ La *vir*; II Sam 14_{19} M אש T אית; Mi 6_{10} M האש T האית; Prov 18_{24} M אש T אית. Siehe S. Frensdorff, Die Massora Magna, 1876, 370a.

42) S. oben 4.

43) Syr^{W} במסכנותא.

44) Syr^{A} בעותרה בעותרה; Dittographie.

45) Syr^{AL} בעותרה במסכנותה.

46) Der gleiche Fehler Sach 9_8 M בעיני prps בעניו. Vgl. zuletzt K. Elliger, Das Buch der zwölf Kleinen Propheten II (ATD), 1967^6, 145 Anm. 2.

47) Vgl. F. Delitzsch, a.a.O. 104 § 103b.

48) Gegen Smend, Peters: בדלותו בעשרו.

49) Gegen Smend, Peters: בעשרו בדלותו.

50) Ein ähnlicher Fehler 5_{13a} Gr ἀτιμία La *gloria*.

51) Vgl. jBer 11b; jNaz 54b; Gen r 91; Koh r 7_{24} ובין נגידים (Prov 4_8) סלסליה ותרוממך תושיבך.

52) Vgl. Schirmann: ו..... מעזב. Gegen Di Lella: משבר במראהו. Das ש Di Lellas ist in Wirklichkeit עז, sein ר das von der Rückseite des Blattes durchscheinende ם von 11_{10a} (לא) ם(בני א).

53) Syr^{AL} דכל.

54) Vgl. F. Delitzsch, a.a.O. 103 § 103a. Der gleiche Fehler Jer 14_{14} K ואלול Q ואליל

55) S. oben III.32.

56) Gegen Segal: תבואות.

57) Vgl. Th. H. Gaster, The Scriptures of the Dead Sea Sect in English Translation, 1957, 209 Anm. 22; M. Mansoor, The Thanksgiving Hymns and the Massoretic Text (Part I), Revue de Qumran 10 (1961), 261.

58) Vgl. Jes 3_{22} M מעטפות «Überkleider?» (Köhler-Baumgartner) und neuhebräisch מעטפה, מעטפת «Hülle, Mantel» (Wiesen).

59) Syr^{A} שטיא; Umstellung von Buchstaben.

60) Syr^{A} דלא.

61) Syr^{A} איך חדא.

62) Zum Nebeneinander von מאד und יחד ist 39_{16a} H^{B} טובים Gr καλὰ σφόδρα La *bona valde* Syr יאין אכחדא zu vergleichen.

63) Hinter H^{B2} 11_{6}.

64) Vgl. Segal II, Vogt. Gegen Di Lella: אל תשיב [טרם תשמע דבר].

65) Hinter H^{B1} 11_{7}.

66) Vgl. bBB 98b כדכתיב בספר בן סירא הכל שקלתי בכף מאזנים ולא מצאתי קל מסובין וקל מסובין התן הדר בית חמיו וקל מחתן אורח מכנים אורח וקל מאורח משיב דבר בטרם ישמע שנאמר משיב דבר בטרם ישמע אולת היא לו וכלימה (Prov 18_{13}).

67) l לית (Smend).

68) G. R. Driver, Hebrew Roots and Words, WO 1 (1947–1952), 410f. Siehe ferner Hos 10_{6} M מעצתו prps מעצבו; Ps 13_{3} M עצות prps עצבות; Ps 14_{6} M עצה // Ps 53_{6} M עצמות; Hi 12_{13} M עצה l frt עצם vel עצמה.

69) Vgl. Dam. p. 1081 περὶ πράγματος, οὗ οὐκ ἔστιν σοι χρεία, μὴ περιεργάζου mit 3_{23a} Gr ἐν τοῖς περισσοῖς τῶν ἔργων σου μὴ περιεργάζου.

70) Zur Verschreibung von ב zu מ vgl. F. Delitzsch, a.a.O. 113 § 114a. Der gleiche Fehler 38_{18b} H^{B} עצבה Gr(La) ἰσχύν.

71) Gegen Lévi, Segal: כן.

72) Gegen Segal: וקרבתהו.

73) Der gleiche Fehler Prov 28_{16} M תבונות Syr רעינא T הונא V *prudentiae* Gr προσόδων (= תבואות). Vgl. P. de Lagarde, Anmerkungen zur griechischen Übersetzung der Proverbien, 1863, 88.

74) Syr^{A} נסתמך.

75) Gegen Di Lella: «= OL *apud*».

76) S. oben III.32.

77) Vogt: «= invenies; vel potius: ea invenire faciet». Segal II: הנושא הוא החכמה כמו בטור שני ובפסוק הקודם, כלומר היא תמצא בשבילה ואולי הוא כתיב חסר.

78) Vgl. Jes 11_{2} Gr πνεῦμα σοφίας καὶ συνέσεως V *spiritus sapientiae et intellectus.*

79) Zum Nebeneinander von Gr ἄνδρες und Gr$^{A\ alii}$ (La) ἄνθρωποι ist 11_{2a} Gr(La) ἄνδρα Gr^{S} Chr. II 179 ἄνθρωπον zu vergleichen.

80) Syr^{L} + חכמתא.

81) J. H. A. Hart, The Greek Text of Codex 248, 1909, z. St.

82) Vgl. F. Delitzsch, a.a.O. 109 § 106a.

83) Vgl. F. Delitzsch, a.a.O. 109 § 106b.

84) S. oben III.1.

85) A. Schlatter, Das neu gefundene hebräische Stück des Sirach. Der Glossator des griechischen Sirach und seine Stellung in der Geschichte der jüdischen Theologie, BFChTh 1, 5.6 (1897), 120.

86) J. Ziegler, Beiträge, 278.

87) H^{Bmg} ist nicht erhalten.

88) Di Lella ergänzt: [לא תפעל].

89) Der gleiche Fehler 27_{20a} Gr ἀπέστη Gr^{O} ἄπεστι La *abest.*

90) Vgl. F. Delitzsch, a.a.O. 104 § 103b.

91) Gegen Vogt, Segal, Di Lella: צרך.

92) Die gleiche Korrektur oben 35.

93) H^{M} כל נפלאתיו.

94) S. aber 42_{17c} Syr^{AL} לרחמוהי Syr^{MW} לדחלוהי.

95) Syr^{AL} אלהא.

96) S. oben 3., Anm. 8.

97) Syr^{A} ואן.

98) Vgl. 37_{18b} Gr ἀγαθὸν καὶ κακόν, ζωὴ καὶ θάνατος La *bonum et malum vita et mors.*

99) Der gleiche Fehler H^{A} 7_{15b} הי; H^{Bmg} 32_{3a} הו.

100) Gegen Smend, Peters, Segal, die (ו)עיני אל אל יראיו oder (ו)עיניו אל יראיו für die Vorlage von Gr halten. Vgl. bereits Lévi: «G a lu: עיני ה׳ אל יראיו ... Mais cette pensée ne serait pas à sa place».

101) S. oben III.32.

102) Vgl. Schirmann. — Di Lella ergänzt [ואם הרבו אל] und verweist dafür auf 6_{5a} $11_{10b.32a}$ 31_{30a} 47_{18d} H רבה = Gr πληθύνειν. Siehe jedoch 41_{9a} H^{Bmg} אם תפרו = Gr^{L} Anton. p. 777 ἐὰν πληθυνθῆτε.

103) H^{Bmg} ist nicht erhalten.

104) Syr^{A} ואפן.

105) Soṭa 9_{15}.

106) Syr^{AL} אלף.

107) Vgl. Gr$^{Sc\ 315'}$ Arm Antioch. p. 1720. 1721 Mal. εἷς δίκαιος ποιῶν τὸ (> Gr$^{Sc\ 315}$ Mal.) θέλημα κυρίου (Arm Antioch. τοῦ θεοῦ).

108) Vgl. A. Jellinek, Bet ha-Midrasch, V 1967^{3}, 135 וכן אמר באחד מנין תתישב עיר. 206 וכן אמר בן סירא באחד מנין וכו׳; VI 1967^{3}, 133 שכן אמר בן סירה, באחד מבין תתיישב העיר.

109) S. oben 1.

110) S. oben III.1.

111) S. oben III.32.

112) Zu ב als Vergleichspartikel vgl. M. Dahood, Ugaritic Lexicography I, Bibl 44 (1963), 299f.

113) Vgl. F. Delitzsch, a.a.O. 110 § 107b.

114) רשף bedeutet im Neuhebräischen «Funken sprühen» (Wiesen) bzw. «to burn, spark» (Ben-Yehuda — Weinstein).

115) Vgl. 44_{3b} H^{B} בגבורתם H^{Bmg} בגבורם.

116) S. oben III.5.

117) S. oben 1., 4., 8., 9., 13., 25., 26., 28., 31., 32., 33., 34., 47. und 52.

118) S. oben 1., 4., 8., 9., 34. und 52.

119) S. oben 2., 3., 5., 6., 7., 10., 11., 12., 14., 15., 16., 17., 18., 19., 20., 21., 22., 23., 24., 27., 29., 30., 35., 36., 37., 38., 39., 40., 41., 42., 43., 44., 45., 46., 48., 49., 50., 51., 53. und 54.

120) S. oben 10_{22a} 11_{4d}.

121) S. oben 10_{24a} 11_{9a} 15_{17b} 16_{3c}.

122) S. oben $10_{24a.25b}$ 11_{9a} $15_{16a.16b}$ 16_{1b}.

123) Vgl. J. Ziegler, Einleitung, 83.

124) S. oben 11_{5b}.

125) S. oben 11_{10d} $15_{11a.11b}$.

126) S. oben 11_{8a} $16_{3c/4a}$.

127) Vgl. 43_{6a} H^{B} וגם ירח H^{M} וגם [י]רח Syr וסהרא; 46_{20a} H^{B} וגם אחרי מותו Syr ומן בתר מותה; 47_{1a} H^{B} וגם אחריו Syr ובתרה; Ps 148_{12} M וגם בתולות Syr ובתולתא.

128) Vgl. J. Ziegler, Einleitung, 83.

V. Handschrift A als Zeuge für die Umgestaltung des hebräischen Sirach-Textes

Die Umgestaltung des hebräischen Sirach-Textes ist nicht nur an den Dubletten der Handschrift A und an der Parallelüberlieferung der Handschriften A und C bzw. A und B zu erkennen, sie läßt sich auch da nachweisen, wo allein Handschrift A erhalten ist. Denn die Überlieferung der Kapitel $3_{6b\beta}$–10_{18b} 11_{11a}–14_{27b} $16_{8a-26b\alpha}$ ist auf weite Strecken zweigespalten, zweigespalten in dem Sinne, daß H^A (Syr) einerseits, Gr (La) andererseits zwei verschiedene Textformen überliefern, die sich durch Vokabel-Varianten sowie durch kleinere und größere Zusätze voneinander unterscheiden.

1. Vokabel-Varianten

Hier ist nicht an Variantenpaare gedacht, die sich ohne weiteres auf unterschiedliche Vokalisation ein und desselben Konsonantentextes zurückführen lassen. Beispiele:

a) 4_{14a} H^A קדש
Syr קודשא
Gr ἁγίῳ
La *Sancto*
= קֹדֶשׁ (Smend, Peters), vgl. 42_{17a} 45_{6a} 49_{12c} Ex 19_6 29_{31} H^B(M) קָדֹשׁ = Gr ἅγιος.

b) 4_{15a} H^A אמת
Syr שררא
Gr ἔθνη
La *gentes*
= אֻמּוֹת (Smend, Peters, Segal, Harṭōm)[1]), vgl. Gen 25_{16} M אמת = Gr ἔθνη.

c) 12_{5b} H^A כלי
Syr מאני
Gr ἐμπόδισον
La *prohibe*
= כַּלֵּי von כלא/ה (Smend, Peters, Segal)[2]).

d) 13_{2a} H^A כבד
Syr דיקיר
Gr βάρος
La *pondus*
= כֹּבֶד.

e) 14_{1b} H^{A} דין
Syr דינא
Gr ἐν λύπῃ
La *in tristitia*

= דְּוֹן/דְּיֹן (Smend, Peters, Segal, Harṭōm); vgl. $30_{21a.23c}$ 37_{2c} 38_{18a} H^{B} דין = Gr λύπη.

Vielmehr sind grundsätzlich nur echte variae lectiones ins Auge gefaßt. Beispiele:

a) 3_{12a} H^{A} בכבוד אביך
Syr באיקרה דאבוך
Gr ἐν γήρᾳ πατρός σου
La *senectam patris tui*

= אביך ([3]בשיבת (Smend, Segal), vgl. 46_{9b} Gen 15_{15} 25_{8} 42_{38} 44_{29} usw. H^{B}(M) שיבה = Gr γῆρας.

b) 3_{12b} H^{A} ואל תעזבהו כל ימי חייך
Syr ולא תשבוק איקרה כל יוֹמי חיֿיך
Gr καὶ μὴ λυπήσῃς αὐτὸν ἐν τῇ ζωῇ αὐτοῦ
La *et ne contristes eum in vita illius*

= ואל תעצבהו בחייו (Smend, Peters, Segal, Harṭōm), vgl. 36_{25a} H^{B} עצבת = Gr λύπη und Gen 45_{5} II Sam 19_{3} M נעצב = Gr λυπεῖν.

c) 3_{27a} H^{A} ירבו
Syr נסגון
Gr βαρυνθήσεται
La *gravabitur*

= יכבדו (Smend, Segal) und
33_{38b} H^{E} הרב[ה]
Syr אסגא
Gr βάρυνον
La *grava*

= הכבד (Segal, Harṭōm), vgl. 8_{15b} Ex 5_{9} $8_{15.32}$ $9_{7.34}$ usw. H^{A}(M) כבד = Gr βαρύνειν.

d) 4_{11b} H^{A} לכל מבינים בה
Syr לכל[4]) דמסתכלין בה
Gr τῶν ζητούντων αὐτήν
La *exquirentes se*

= מבקשיה (Peters, Segal, Harṭōm)[5]), vgl. $7_{4a.6a}$ 12_{12d} 14_{16b} $51_{3d.13b}$ H בקש = Gr ζητεῖν.

e) 4_{12b} H^{A} ומבקשיה
Syr ודבעין לה
Gr καὶ οἱ ὀρθρίζοντες πρὸς αὐτήν
La *et qui vigilaverint ad illam*

= ומשחריה (Smend, Peters, Segal, Harṭōm), vgl. 6_{36a} 32_{14b} Jes 26_{9} Hos 5_{15} Ps 63_{2} usw. H(M) שחר = Gr ὀρθρίζειν.

f) 4_{29b} H^A ורפי ורשיש
Syr ורפא ונשיש
Gr καὶ νωθρὸς καὶ παρειμένος
La *et inutilis et remissus*

= ורשיש ורפי, vgl. 11_{12a} H^A רשש = Gr νωθρός.

g) $6_{14a\beta}$ H^A אוהב תקוף
Syr רחמא הו דתוקפא
Gr σκέπη κραταιά
La *protectio fortis*

= אוהל תקוף (Smend, Segal, Hamp), vgl. Ex 26_7 Hi 21_{28} M אהל = Gr σκέπη.

h) 6_{33a} H^A תובא[6]
Syr תצבא
Gr ἀγαπήσῃς
La *dilexeris*

= תאהב (Smend, Segal), vgl. 3_{26b} 4_{12a} (bis) 7_{35b} 13_{15a} 31_{5a} usw. H אהב = Gr ἀγαπᾶν.

i) 8_{9c} H^A תקח
Syr תקבל
Gr μαθήσῃ
La *disces*

= תלמד und

16_{24a} H^A וקחו
Syr וקבלו
Gr καὶ μάθε
La *et disce*

= ולמד, vgl. 8_{8c} Dtn 4_{10} 5_1 14_{23} 17_{19} usw. H^A(M) למד = Gr μανθάνειν.

k) 8_{11b} H^A לפניך
Syr קדמיך
Gr τῷ στόματί σου
La *ori tuo*

= לפיך (Smend, Peters, Segal, Hartōm)[7]), vgl. 5_{12b} $15_{5b.9a}$ $39_{17d.35a}$ usw. H פה = Gr στόμα.

l) 13_{10b} H^A תשנא
Syr תסתנא
Gr ἐπιλησθῇς
La *eas in oblivionem*

= תנשא/ה (Smend, Peters, Segal, Hamp, Hartōm), vgl. Gen 41_{51} Jes 44_{21} Thr 3_{17} M נשה = Gr ἐπιλανθάνειν.

m) 13_{11c} H^A נסיך
Syr נסיונא
Gr πειράσει σε
La *temptabit te*

= ינסיך (Smend, Segal)[8]), vgl. 37_{27a} Gen 22_1 Ex 15_{25} 16_4 17_2 usw. H^B(M) נסה = Gr πειράζειν.

n) 13_{19a} H^A מאכל
Syr מאכולתה
Gr κυνήγια
La *venatio*

= ציד (Peters); vgl. Gen 25_{27} M ציד = Gr κυνηγεῖν und Gen 10_9 (bis) M ציד = Gr κυνηγός.

o) 14_{3b} H^A לא נאוה
Syr לא יאא
Gr ἵνα τί
La *ad quid*

= למה זה (Smend, Segal, Harṭōm)[9]); vgl. Gen $25_{22.32}$ 32_{30} 33_{15} Ex 2_{20} usw. M למה זה = Gr ἵνα τί.

In a) 3_{12a} mag בכבוד aus 3_{11a} כבוד איש כבוד אביו eingedrungen sein, in b) 3_{12b} תעזבהו aus 3_{13a} וגם אם יחסר מדעו עזוב לו, in g) $6_{14a\beta}$ אוהב aus $6_{14a\alpha}$ אוהב אמונה, in k) 8_{11b} לפניך aus 8_{11a} אל תזוח מפני לץ und in o) 14_{3b} לא נאוה aus 14_{3a} ללב קטן לא נאוה עושר. In f) 4_{29b} ורפי ורשיש und l) 13_{10b} תשנא könnte es sich um Schreibfehler handeln, die durch Umstellung von Wörtern bzw. Buchstaben verursacht sind. Und m) 13_{11c} נסיון ließe sich gegebenenfalls als eine durch Buchstabenverwechslung entstandene Fehlschreibung interpretieren.

Macht aber schon bei b) 3_{12b} der Hinweis (Segal[10])) auf Tobit 4_3

Gr^{BA} καὶ μὴ ὑπερίδῃς (ואל תעזב) τὴν μητέρα σου, τίμα αὐτὴν πάσας τὰς ἡμέρας τῆς ζωῆς σου (כל ימי חייך) καὶ ποίει τὸ ἀρεστὸν αὐτῇ καὶ μὴ λυπήσῃς αὐτήν (ואל תעצבה) und

Gr^S καὶ τίμα τὴν μητέρα σου καὶ μὴ ἐγκαταλίπῃς αὐτὴν πάσας τὰς ἡμέρας τῆς ζωῆς αὐτῆς (ואל תעזבה כל ימי חייה) καὶ ποίει τὸ ἀρεστὸν ἐνώπιον αὐτῆς καὶ μὴ λυπήσῃς (ואל תעצב) τὸ πνεῦμα αὐτῆς ἐν παντὶ πράγματι,

wo beide Lesarten, H^A(Syr) ואל תעזבהו כל ימי חייך und Gr (La) ואל תעצבהו בחייו, auf die Mutter übertragen, kombiniert zu sein scheinen, alle derartigen Erklärungsversuche fraglich, so scheitern sie erst recht an den Vokabelvarianten in c), e), i) und n). Denn hier handelt es sich ganz zweifellos um vier Fälle «gekoppelter Lehnübersetzung»:

c) 3_{27a} und 33_{38b}. M יכבד Jes 66_5 und ירבה Dtn 8_{13} 14_{24} Ps 49_{17} werden von den Targumim mit יסגי wiedergegeben. Dementsprechend wird das יכבדו bzw. הכבד der älteren Textform in der jüngeren durch ירבו bzw. הרבה ersetzt.

X Y רבה כבד
Z סגי

e) 4_{12b}. M שחר Jes 47_{11} Hos 5_{15} und בקש Gen 31_{39} $37_{15.16}$ $43_{9.30}$ Ex 2_{15} 4_{25} usw. werden von den Targumim mit בעי wiedergegeben. Raschi

(Hos 5_{15} Ps 63_{2} Hi 7_{21} Prov 1_{28}), Ibn Esra (Hos 5_{15} Hi 24_{5}) und David Kimchi (Hos 5_{15}) erklären שחר mit בקש. Dementsprechend wird das ומשחריה der älteren Textform in der jüngeren durch ומבקשיה ersetzt.

X Y שחר בקש
Z בעי

i) 8_{9c} und 16_{24a}. M למד Jes 29_{24} und לקח Gen 4_{11} 14_{24} 21_{30} $27_{35.36}$ (bis) $33_{10.11}$ usw. werden von den Targumim mit קבל wiedergegeben. Dementsprechend wird das תלמד bzw. ולמד der älteren Textform in der jüngeren durch תקח bzw. וקחו ersetzt.

X Y למד לקח
Z קבל

n) 13_{19a}. M ציד Hi 38_{41} und מאכל I Chr 12_{41} werden von den Targumim mit מזונא wiedergegeben. Dementsprechend wird das ציד der älteren Textform in der jüngeren durch מאכל ersetzt.

X Y ציד מאכל
Z מזונא

Die Richtigkeit der Beobachtung, daß in H^A (Syr) einerseits, Gr (La) andererseits auf weite Strecken zwei verschiedene Textformen bezeugt werden, deren jüngere durch sprachliche Interferenz von Seiten des Jüd sch-Aramäischen geprägt ist, erhellt aus 6_{2b}, einem anerkanntermaßen verderbten Stichus:

H^A ותעבה חילך עליך
Syr דלא תבעא איך תורא חילך
Gr* ἵνα μὴ διαρπαγῇ ὡς ταῦρος ἡ ἰσχύς σου
La *velut taurus ne forte elidatur virtus tua* + *per stultitiam*

Bei einer Rückübersetzung von Syr ins Hebräische erhält man ותבעה כשור חילך, vgl. Jes 21_{12} M תבעון בעיו = Syr בעין אנתון בעו bzw. Ex 21_{28} (ter)$_{.29}$ (bis)$_{.32}$ (bis)$_{.35}$ (ter)$_{.36}$ (ter) usw. M שור = Syr תורא. Dagegen ergibt eine Retroversion von Gr*(La) ותבער כשור חילך, vgl. 36_{30a} H^BCD יבוער = Gr διαρπαγήσεται und Jes 5_{5} M לבער = Gr εἰς διαρπαγήν bzw. Ex 21_{28} (ter)$_{.29}$ (bis)$_{.32}$ (bis)$_{.35}$ (ter)$_{.36}$ (ter) usw. M שור = Gr ταῦρος. Der ursprüngliche Text von 6_{2b} wird demnach gelautet haben: ותבעה / ותבער כשור חילך, d.h. עליך ist durch Dittographie aus 6_{3a} עליך תאכל ופריך תשרש eingedrungen, und dafür ist כשור ausgefallen.

Aber welchem der beiden Verben ist der Vorzug zu geben? Auf den ersten Blick wird man annehmen, ותבעה sei aus ותבער verderbt, wie II Chr 4_{14} ואת המכנות עשה ואת הכירות עשה aus I Reg 7_{43} ואת המכנות עשר ואת הכירת עשרה verschrieben ist[11]). Bei genauerem Zusehen erkennt man jedoch, daß auch hier der Weg über die exegetische Tradition der Juden weiterführt.

Nach Ex 22_{4a}[12]) M כי יבער־איש שדה או־כרם ושלח את־בעירה ובער בשדה אחר Gr ἐὰν δὲ καταβοσκήσῃ τις ἀγρὸν ἢ ἀμπελῶνα καὶ ἀφῇ τὸ κτῆνος αὐτοῦ καταβοσκῆσαι ἀγρὸν ἕτερον hat ﺱ den Zusatz שלם ישלם משדהו כתבואתה ואם כל השדה יבעה, der sich mit Gr ἀποτείσει ἐκ τοῦ ἀγροῦ αὐτοῦ κατὰ τὸ γένημα αὐτοῦ· ἐὰν δὲ πάντα τὸν ἀγρὸν καταβοσκήσῃ deckt. Gr übersetzt also יבער, ובער und יבעה unterschiedslos mit Formen von καταβοσκεῖν, und das Gleiche gilt für das samaritanische Targum, das an den infrage kommenden Stellen יפעי, ואפעי und יפעי verwendet[13]). Dieser Sachverhalt läßt sich nur verstehen, wenn man annimmt, daß בער und בעה sich in ihrer Bedeutung völlig entsprechen.

Diese Annahme wird bestätigt durch jBQ 2a, der BQ 1,1 ארבעה אבות נזיקן. השור. והבור. והמבעה. וההבער aufnimmt mit den Worten: (Ex 22_4) המבעה כי יבער איש שדה או כרם ושלח את בעירה. Auf 6_{2b} angewendet bedeutet das, daß ותעבה in ותבעה zu emendieren und als durch «Lehnübersetzung» entstandene jüngere Textform des von Gr*(La) bezeugten ותבער anzusehen ist. Syr hat בעה als biblisch-hebräisches Wort angesehen und mit בעא «suchen» wiedergegeben.

2. Kleinere Zusätze.

Daß in H^A (Syr) einerseits, Gr (La) andererseits zwei verschiedene Formen des hebräischen Sirach-Textes vorliegen, zeigt sich auch darin, daß H^A (Syr) eine Reihe von kleineren Zusätzen gegenüber Gr (La) aufweist. Beispiele:

a) 3_{29a} H^A משלי חכמים
Syr במ̈תלי דחכימ̈א
Gr παραβολήν
Gr^{S* O 545c 694} verss.^p ἐν (> Gr^694) παραβολῇ
La *in sapientia* (ex 3_{29b})
= משל (Segal, Harṭōm).

b) 4_{7b} H^A ולשלטן עוד] l c
Syr ולשליט̈נא דמדינתא ולשלטן עיר
(Smend, Peters, Segal, Harṭōm)[14]); Verschreibung von י zu ו[15]) und von ר zu ד[16]).
Gr καὶ μεγιστᾶνι
Gr^Sc καὶ πρεσβυτέρῳ
La *et presbytero* . . . *et magnato* dupl.
= ולשלטון (Smend, Segal).

c) 4_{9b} H^A במשפט יושר
Syr בדינא תריצא
Gr ἐν τῷ κρίνειν σε
La *in iudicando*
= במשפט.

d) 4_{12b} H^A רצון מי"י
Syr צבינא מן מריא
Gr εὐφροσύνης[17]
La *placorem eius* (= εὐδοκίας αὐτοῦ: Herkenne, Smend, vgl. 39_{18a} Gr εὐδοκία = La *placor*)

= רצון (Smend, Hamp). מי"י ist aus Prov 8_{35} 18_{22} ויפק רצון מיהוה; 12_2 יפיק רצון מיהוה eingedrungen.

e) 4_{13a} H^A כבוד מי"י
Syr איקרא מן קדם אלהא
Gr δόξαν
La *vitam* (ex 4_{12a})

= כבוד (Smend, Segal, Hamp). מי"י stammt aus 4_{12b} ומבקשיה יפיקו רצון מי"י.

f) 12_{5a} H^A בעת צורך
Syr בעדנא דצריכותך
Gr om.
La om.

g) 12_{13b} H^A אל חית שן
Syr לחוית שנא
Gr θηρίοις
La *bestiis*

= אל חיה. שן ist aus 39_{30a} חית שן עקרב ופתן eingetragen worden.

h) 13_{21b} H^A מרע אל רע
Syr מן ביש לביש
Gr ὑπὸ φίλων
La *et a notis*

= מרע (Peters, Segal, Hamp). אל רע ist Zusatz gemäß Jer 9_2 מרעה אל רעה.

i) 16_{13b} H^A לעולם
Syr לעלם
Gr om.
La om.

k) 16_{17d} H^A כל בני אדם
Syr דכלהון בנ̈ינשא
Gr om.
La om.[18]

3. Größere Zusätze.

Denselben Eindruck eines Neben- und Gegeneinanders von H^A (Syr) einerseits, Gr (La) andererseits gewinnt man auch aus den größeren Zusätzen. Beispiele:

a) 11_{30d} H^A ככלב הוא באוכל[19] בית וחומס
30e כן בוצע בא ומשים ריב לכל טובתם
Syr איך כלבא דלכל בי עאל וחטף
הכנא עולא לכל בי עאל ושגש

Arm I *sicut canis, quia ubi intrat diripit,*
ita et iniquus, ubi pervenit, subvertit et conturbat
Gr om.
La om.

b) 12_{11e} H^{A} ולא ימצא להשחיתך
Syr ולא נשכח למחבלותך
Gr om.
La om.

c) 12_{14c} (= 23_{16f}) H^{A} לא יעבר עד תבער בו אש
Syr לא נעבר עדמא דתאקד בה נורא
Gr om.
La om.

d) 13_{2e} H^{A} או מה יתחבר עשיר אל דל
Syr או מנא נשתותף עתירא למסכנא
Gr om.
La om.

e) 14_{10c} H^{A} עין טובה מרבה הלחם
10d ומעין יבש יזל מים על השלחן
Syr ... מסניא לחמא
ויבישא רמיא על פתורא
Gr om.
La om.

f) 14_{16c} H^{A} וכל דבר שיפה לעשות
16d לפני אלהים עשה
Syr וכל מדם דשפיר למעבד
קדם אלהא עבד
Gr om.
La om.

Gerade bei diesen größeren Zusätzen wird deutlich, in welch hohem Maße Gr II nach der durch H^{A} (Syr) repräsentierten jüngeren Textform des hebräischen Sirach korrigiert ist. Beispiele:

g) 3_{19b} H^{A} ולענוים יגלה סודו
Syr ולמ̈כיכא ארז̈א מתגלין
Arab *wa-juṭli'u l-mutawāḍi'īna 'alā asrārihi*
(et mysteria sua humilibus declarat)
Gr$^{O\text{(c ast)}-Sc}$ L'–694–743 ἀλλὰ πραέσιν ἀποκαλύπτεται
(Gr^{Sc} ἀποκαλύπτει τὰ) μυστήρια αὐτοῦ (> Gr^{248})
Gr om.
La om.

h) 3_{25a} H^{A} באין אישון יחסר אור
25b ובאין דעת תחסר חכמה
Syr מן דלית לה בב̈תא דעי̈נא חסיר נוהרא הו
ומא דגהר אנת מן ידעתא לא תהוא מלך למפסו

Gr$^{O(c\ ast)}$ $^{L-672-694-743}$ Antioch. p. 1544 (Gr$^{493-637}$ om. $_{25b}$)
κόρας μὴ ἔχων ἀπορήσεις φωτός
γνώσεως δὲ ἀμοιρῶν (Gr^{O} ἄμοιρος ὢν) μὴ ἐπαγγέλλου
Gr om.
La om.

i) 11_{15a} H^{A} תכמה ושכל והבין דבר מ״י הוא
$_{15b}$ תטא[20]) ודרכים ישרים מ״י הוא
Syr תכמתא ונכפותא וידעתא דנמוסא מן לות מריא הי
חובא ואוּרּחתא דעבדֿא טבֿא מן לותה אנין
Gr$^{O(c\ ast)-V}$ $^{L'-672-694-743\ 339}$ Arm (Gr^{253} Arm om. $_{15a}$ homtel.)
σοφία καὶ (> Gr^{493}) ἐπιστήμη καὶ γνῶσις νόμου[21]) παρὰ κυρίου
(Gr$^{L(exc\ 248)}$ + ἐστιν),
ἀγάπησις καὶ ὁδοὶ καλῶν ἔργων παρ' αὐτοῦ εἰσιν (Gr^{V-253} *l* ἐστιν)
La $^{\Omega SJV}$ *sapientia et disciplina et scientia legis apud Dominum* (La^{V} *Deum*)
dilectio et viae bonorum apud ipsum
Gr om.
La om.

k) 11_{16a} H^{A} שכלות וחושך לפשעים נוצרה
$_{16b}$ ומרעים רעה עמם
Syr טעיותא וחשוכא לחטֿיא אתבריו
ועם אילין דמתרבין בבישתא בישתא עמהון סאבא
Gr$^{O(c\ ast)-V}$ $^{L'-672-694-743\ 339}$ Arm Anton. p. 1104 (Anton. om.
$_{16a}$) πλάνη καὶ σκότος ἁμαρτωλοῖς συνέκτισται,
τοῖς δὲ γαυριῶσιν ἐπὶ κακίᾳ συγγηρᾷ κακία
La $^{\Omega SJV}$ *error et tenebrae peccatoribus concreata sunt*
qui autem exultant in malum (La^{V} *malis*) *consenescunt in mala* (La^{V} *malo*)
Gr om.
La om.

l) 16_{15a} H^{A} י״י הקשה את לב פרעה אשר לא ידעו
$_{15b}$ שמעשיו מגולין תחת השמים
Syr מריא קשי לבה דפרעון דלא נדעיוהי
דנתחזון עבדוֿהי תחית שמשא[22])
Arm *cor Pharao*
ut in terra apparerent opera eius
Gr$^{L'(exc\ 493)}$ κύριος ἐσκλήρυνε Φαραω μὴ εἰδέναι αὐτόν,
ὅπως ἂν γνωσθῇ ἐνεργήματα αὐτοῦ τῇ ὑπ' οὐρανόν
Gr om.
La om.

m) 16_{16a} H^{A} רחמיו יראו לכל בריותיו
$_{16b}$ ואורו ושבחו[23]) חלק לבני אדם
Syr ר̈חמוהי מתחזין לכלהין ברֿיתה
ונוהרה ותשכה פלג לבנ̈ינשא

Arm *inter homines*
$\mathrm{Gr}^{L'(\mathrm{exc}\ 493)}$ πάσῃ τῇ κτίσει τὸ ἔλεος αὐτοῦ φανερόν καὶ τὸ φῶς αὐτοῦ καὶ τὸ σκότος ἐμέρισε τῷ Αδαμαντι
Gr om.
La om.

4. Arm(I) und Syr.

3 a), l) und m) lassen erkennen, wie sehr Arm(I), eine Tochterübersetzung von Gr mit besonders engen Beziehungen zur origeneischen und lukianischen Rezension[24]), von Syr abhängig ist. Hatte man bis dahin lediglich ganz allgemein festgestellt, daß der Text von ArmI, «qui, d'ordinaire, semble suivre le grec, et parfois la syro-peshitta, diffère d'autres fois et de l'un et de l'autre»[25]), ohne deutliche Belege für diese Erscheinungen anzuführen, hat J. Ziegler[26]) an Hand von 10_{30de} und 16_{15ab} den syrischen Einfluß auf ArmI definitiv nachgewiesen. Dabei hat er jedoch übersehen, daß einige der von ihm als Beispiele für Zusätze und freie Wiedergaben in ArmI genannten Verse nichts anderes sind als Übersetzungen aus Syr:

7_{10} fin. Syr + לא תשתותר למעבד פוקדנא
ArmI + *praecepta Dei ne tardaveris perficere*
9_{11b} Syr מטל דלא תדע מנא הויא חרתה
ArmI *finem enim illius nescis*
18_{10} fin. Syr + אלף שנ̈ין מן עלמא הנא לא איתיהון איך חד יומא בעלמא דזדיקֿא
ArmI + *mille enim anni in hoc mundo quasi unus dies non sunt in mundo iustorum*

Übereinstimmungen von Arm(I) mit H, die nicht durch Gr oder Gr II bestätigt werden, dürften daher auf dem Umweg über Syr zu erklären sein. Beispiele:

10_{14a} H^{A} גאים
Syr דגאותנא
Arm *superborum*
Gr ἀρχόντων
$\mathrm{Gr}^{O-V\ L(\mathrm{exc}\ 248)-694}$ Anton. p. 1572 ἀρχόντων ὑπερηφάνων dupl.
La *ducum superborum* dupl.

16_{16b} H^{A} לבני אדם
Syr לבנ̈ינשא
Arm *inter homines*
$\mathrm{Gr}^{L'(\mathrm{exc}\ 493)}$ τῷ Αδαμαντι

Aus diesem Grunde ist es fraglich, ob man z.B. in

16_{26a} H^{A} כברא
Syr כד ברא
Arm *in creatione*
Gr ἐν κρίσει
La *in iudicio*

die von R. Smend stammende Konjektur ἐν κτίσει[27]) für Gr(La) ἐν κρίσει mit einem Hinweis auf Arm stützen kann, wie es J. Ziegler im Apparat seiner Ausgabe tut. Der Vergleich mit

43_{25b} H^{B} וגבורות רבה
Syr om. 43_{11-33}
Gr κτίσις κητῶν[28])
Gr$^{S\ A\ C\ alii}$ Aeth κτῆσις κτηνῶν
La *pecorum et creatura beluarum* dupl.
Gr^{L} κρίσις κτηνῶν (Gr^{248} κητῶν),

wo in Gr^{L} der gleiche Fehler vorliegt, ist völlig ausreichend.

5. Arab und Syr.

3g) — m) zeigen, daß Syr «wie Hieronymus bei seiner Vulgataübersetzung den g r i e c h i s c h e n T e x t neben dem hebräischen liegen hatte und Gr teilweise sehr gründlich als 'Freund' benutzt hat»[29]) und daß er darüber hinaus noch nachträglich nach Gr(II) korrigiert worden ist. Abhängigkeit des Syr von Gr(II) ist für 3h) — m) bereits wiederholt festgestellt worden[30]) und läßt sich durch einen Blick auf Syh, die 616/617 n.Chr. durch Bischof Paul von Tella angefertigte syrische Übersetzung der origeneischen Rezension der Septuaginta ohne weiteres zur Evidenz erheben. Beispiele:

3_{19b} Syr ולמכ̈יכא אר̈זא מתגלין
Syh אלא לניחא מתגלין ראזא דילה
11_{15a} Syr חכמתא ונכפותא וידעתא דנמוסא מן לות מריא הי
$15b$ חובא ואור̈חתא דעבד̈א טב̈א מן לותה אנין
Syh חכמתא וסוכלא ואידעתא דנמוסא מן מריא
מחבנותא ואורחתא דעבדא טבא מנה אנין
11_{16a} Syr טעיותא וחשוכא לחט̈יא אתבריו
$16b$ ועם אילין דמתרבין בבישתא בישתא עמהון סאבא
Syh טעיותא וחשוכא עם חטיא אתבריו
עם אילין דין דמתרורבין בבישותא סאבן בישתא

Die durch Arab, eine Tochterübersetzung des Syr, bewiesene sekundäre Anpassung von Syr an Gr II, genauer an Gr^{248} in 3g) ist dagegen bisher unbemerkt geblieben, wie überhaupt die Bedeutung des Arab für Textgeschichte und Textkritik des Syr vielfach unterschätzt wird[31]).

Sekundäre Anpassung des Syr an Gr wird auch sonst angenommen. Man versteht darunter jedoch die Tatsache, daß Syr «wenigstens in einigen Handschriften nachträglich nach dem Griechen korrigiert» ist[32]). Der nachträglichen Korrektur des Syr nach Gr, die sich aus Arab ergibt, ist aber bislang nicht die nötige Aufmerksamkeit geschenkt worden. Beispiele:

3_{8a} H^{A} במאמר ובמעשה
Arab *bi-l-qawli wa-l-fiʿli*
(sermone et opere)
Syh Aeth ἐν λόγῳ καὶ ἔργῳ
Gr ἐν ἔργῳ καὶ λόγῳ
La *in opere et sermone*
Syr בעבדא ובמלתא
= במעשה ובמאמר (Segal).

5_{15a} H^{A} מעט והרבה
Arab *lā . . . bi-qalīlin wa-lā bi-kaṯīrin*
(ne . . . in re parva sive magna)
Gr^{755} Arm(II) ἐν μικρῷ καὶ ἐν μεγάλῳ
Anton. p. 1036 μικρῷ καὶ μεγάλῳ
La *pusillo et magno*
Gr ἐν μεγάλῳ καὶ ἐν μικρῷ
Syr סגי וזעור
= הרבה ומעט.

Mag in den vorstehenden Beispielen die Übereinstimmung zwischen Arab und H^{A} auf die anerkanntermaßen freie Übersetzungsweise des Arab[33]) zurückzuführen sein, so sind derartige Zufälligkeiten in den folgenden Fällen so gut wie ausgeschlossen:

6_{5b} H^{A} שואלו שלום
Arab *juḥmad*
(laudabitur)
Gr εὐπροσήγορα
Gr$^{O-V\ 493-694\ C\ 307\ 336\ 404}$ εὐπροσηγορίαν
(Syh שפירות שאלת שלמא)
Syr שאלתא דשלמא
La *in bono homine*[34])
= שאל(ו)ת שלום (Peters, Segal, Harṭōm); vgl. Dtn 23_{7} M דרש שלום = Gr εὐπροσηγορεῖν εἰρηνικά.

6_{12a} H^{A} תשיגך רעה
Arab *nābatka nāʾabatun*
(infortunium tibi accidat)
Gr ταπεινωθῇς
La^{C} Θ^{H}Z* *humiliatus fueris*
Syr תפל
Gr$^{C\ 534\ 694}$ ταπεινωθήσεται
La *humiliaverit se.*

13_{1b} H^{A} ילמד דרכו
Arab *taʿallama turuqahu*
(vias eius ediscet)
Gr ὁμοιωθήσεται αὐτῷ

La *induet superbiam* (La^{C} ^{X} Σ^{T} *superviam* = *super viam*?)
Syr לבש מן אוֹרחתה.

14_{9b} H^{A} חלקו
Arab *ḥaẓẓahu*
(suam sortem)
Gr ψυχήν
Gr^{O-V} $^{L-694}$ Aeth ψυχὴν αὐτοῦ
(Syh נפשא דילה)
La *animam suam*
Syr נפשה
= נפש(ו) (Smend, Peters, Segal, Harṭōm).

14_{24b} H^{A} והביא
Arab *wa-juwattidu*
(et pangit)
Gr καὶ πήξει
Gr^{O-V} $^{L-694}$ καὶ . . . πήξει
(Syh ו . . . נקבוע)
La *et . . . figens*
Syr ו . . . נקוש.

Ebenso wenig ist bisher die Möglichkeit der Emendation des Syr auf Grund von Arab beachtet worden. Beispiele:

5_{9a} Syr לא תהוא רדא] l c
Arab *lā tantaqil*
(ne . . . movearis) לא תהוא דרא, vgl.
Syh לא תדרא

11_{19d} Syr דשבק להון] l c
Arab *wa-juḫlifuhā*
(atque . . . ea relicturum) ושבק להין, vgl.
Syh ונשבוק אנין

14_{27b} Syr נהוא מטיל] l c
Arab *jakūna muẓallalan*
(eritque . . . protectus) נהוא מטל

16_{12a} Syr תבע חטהא (ex 16_{11d})] l c
Arab *ʿuqūbatuhu* + *mūǧiʿatun*
(animadversio + dolore plena) מכסנותה, vgl.
Syh מכסנותה

1) Gegen Duesberg-Auvray: גוים.

2) Zum Übergang von כלא zu כלה vgl. H. Bauer — P. Leander, Historische Grammatik der hebräischen Sprache des Alten Testamentes, 1922 (Nachdruck 1965), 375 § 54r.

3) Gegen Peters: בכבר und Harṭōm: בזקנת.

4) Syr^{A} + אילין.

5) Gegen Smend und M. L. Margolis, Studien im griechischen Alten Testament, ZAW 27 (1907), 269: מבינים בה.

6) Vgl. Prov 1_{10} אל־תבא. Siehe H. Bauer — P. Leander, a.a.O. 442 § 59g.

7) Das Variantenpaar פני // פי findet sich auch Num 33_{8} (K מפני Seb מפי); II Sam 17_{19} (K פני Seb פי); Am 5_{19} (K מפני Seb מפי) und Prov 15_{14} (K ופני Q ופי), vgl. S. Frensdorff, Die Massora Magna, 1876, 372b. Siehe ferner Prov 2_{6} M מפיו Gr καὶ ἀπὸ προσώπου αὐτοῦ und Neh 2_{13} M ואל פני Gr καὶ πρὸς στόμα, vgl. J. Ziegler, Vokabel-Varianten, 182.

8) Vgl. Saadja, ספר הגלוי, 179: כי ברב שיח מנסה אותך ושחק לך וחקרך.

9) Ähnlich Peters, Hamp: למה; vgl. Gen 4_{6} (bis) 12_{19} 24_{31} 27_{46} 29_{25} usw. M למה = Gr ἵνα τί.

10) Die hebräische Rückübersetzung Segals ist leider gerade an den entscheidenden Stellen unzuverlässig.

11) Vgl. F. Delitzsch, a.a.O. 116 § 123b.

12) Zu diesem Vers vgl. außer den Kommentaren P. Kahle, MdW II, BWANT 3, 14 (1930), 15* Anm. 1; ders., The Cairo Geniza, 1959^{2}, 205–208; G. Schelbert, Exodus XXII 4 im Palästinischen Targum, VT 8 (1958), 253–263.

13) In den jüdischen Targumim findet sich בעי = س^{T} פעי Num 22_{4} T^{J} היכמא דמבעי תורא ית עסבא דחקלא und Jes 1_{8} T בתר דאבעיוהי.

14) Der gleiche Fehler 9_{18a} H^{A} בעד Syr בקריתא Gr^{358} Sa^{L} Dam. p. 1344 ἐν πόλει Gr ἐν πόλει αὐτοῦ La *in civitate sua*. Gegen Hamp: עדה.

15) Vgl. F. Delitzsch, a.a.O. 103 § 103a.

16) Vgl. F. Delitzsch, a.a.O. 106 § 104b.

17) Zum Nebeneinander von Gr εὐφροσύνης und La *placorem eius* ist 11_{22b} La *processus illius* (= εὐοδίαν αὐτοῦ) Gr^{b} εὐφροσύνην αὐτοῦ Gr^{rel} εὐλογίαν αὐτοῦ zu vergleichen. Siehe ferner J. Ziegler, Lesarten, 467–469. Gegen M. Fang Che-yong, Usus nominis divini in Sirach, VD 42 (1964), 154: «G traduxit רצון secundum Ps. 145,16: laetitia».

18) Vgl. Saadja, ספר הגלוי, 179: או מי נפשי בקצות רוחות.

19) l c Syr עאל . . . בא לכל דלכל; Verschreibung von ל zu ו; vgl. F. Delitzsch, a.a.O. 115 § 119a. Der gleiche Fehler 37_{29a} H^{B} לכל תענוג H^{Bmg} D אל תענוג Gr ἐν πάσῃ τρυφῇ La *in omni epulatione* Syr מאכולתא דתפניקא.

20) Statt חטא ist ח(י)בה zu lesen, das zu ח(ו)בה verschrieben und durch das synonyme חטא ersetzt wurde (Smend, Peters, Segal).

21) Für νόμου konjiziert J. Ziegler im Apparat seiner Ausgabe (vgl. J. Ziegler, Lesarten, 470f.) λόγου. Es läge dann ein weiteres Beispiel für den innergriechischen Wechsel λόγος — νόμος vor.

22) Syr^{ALW} שמיא. Zum Wechsel שמים — שמש ist Koh 1_{13} M השמים Gr^{Sc} (Syr T V) τὸν ἥλιον; 2_{3} M השמים Gr(Syr V) τὸν ἥλιον; 2_{20} $4_{1.15}$ M השמש T שמיא zu vergleichen.

23) Statt ושבחו ist וחשכו zu lesen (Smend, Peters, Segal, Hamp, Harṭōm); Umstellung von Buchstaben und Verschreibung von כ zu ב. Vgl. F. Delitzsch, a.a.O. 110 § 107a.

24) Vgl. J. Ziegler, Einleitung, 33–37.59–67.

25) L. Leloir, Versions orientales de la Bible: II. Versions Arméniennes, DBS, VI 1960, 813.

26) J. Ziegler, Einleitung, 36.

27) Vgl. J. Ziegler, Lesarten, 475.

28) Gr setzt offenbar רהב voraus (Peters, Segal); vgl. Hi 9_{13} 26_{12} M רהב = Gr κῆτος. Dem entspricht die Lesart von H^{M}: גבורת רהב.

29) Peters, a.a.O. LXXVII.

30) Vgl. Smend zu $11_{15.16}$ $16_{15.16}$, Peters zu 3_{25} 11_{16} und Segal zu 11_{16}.

31) An diesem Sachverhalt ist das Verdikt Smends: «Für die Emendation des syrischen Textes ist die (scil. arabische) Übersetzung von sehr geringem oder gar keinem Wert» (a.a.O. CXLVIII), das von Peters (a.a.O. LXXVI) kritiklos übernommen wird, nicht unschuldig.

32) Smend, a.a.O. CXLIV, zitiert bei Peters, a.a.O. LXXVII.

33) Vgl. Smend, a.a.O. CXLVII; Peters, a.a.O. LXXVI.

34) Zur Vorlage von La ist Herkenne, a.a.O. 89f. und Peters, a.a.O. 56 zu vergleichen.

VI. Das Alter der beiden Textformen des hebräischen Sirach

Wie die Untersuchung der Dubletten der Handschrift A, der Parallelüberlieferung der Codices A und C bzw. A und B sowie ausgewählter Partien der Handschrift A ergeben hat, begegnet man in den aus dem 11. oder 12. Jahrhundert n.Chr.[1]) stammenden Sirach-Fragmenten aus der Kairoer Geniza auf Schritt und Tritt zwei verschiedenen Textformen, deren jüngere das Ergebnis einer unbewußt — bewußten Umgestaltung der älteren darstellt, einer Umgestaltung, die durch sprachliche Interferenz von Seiten des Jüdisch-Aramäischen einerseits und die in der Zwischenzeit gewandelten ästhetischen und exegetischen Grundanschauungen andererseits verursacht wurde.

Die in spätem biblischen Hebräisch geschriebene ältere Textform zeigt enge Beziehungen zu der um 130 v.Chr. in Alexandria entstandenen griechischen Übersetzung des Enkels (GrI). Dagegen handelt es sich bei der in mischnischem Hebräisch abgefaßten jüngeren Textform um die nächste Verwandte der Peschitta (Syr) und der sogenannten zweiten griechischen Übersetzung (GrII). Die sogenannte zweite griechische Übersetzung, aus der die origeneische (Gr^{O}) und die lukianische Rezension (Gr^{L}) sowie die Vetus Latina (La) geschöpft haben, ist zuerst bei Clemens von Alexandria († vor 215) greifbar.

Während die lukianische Rezension wegen der häufigen Übereinstimmung ihrer Lesarten mit den Sirach-Zitaten des Johannes Chrysostomus (354–407) auf Lukian († 312) zurückgehen wird[2]), rührt die origeneische Rezension wahrscheinlich nicht von Origenes (185–254) selber her, sondern von einem seiner Schüler und Nachfolger in der textkritischen Arbeit am griechischen Alten Testament, Pamphilus († 309) oder Eusebius († 339[?])[3]). Der älteste Zeuge für die Vetus Latina ist Cyprian († 258).

Für die zeitliche Ansetzung der Peschitta bieten die ältesten syrischen Sirach-Handschriften[4]), die aus dem 6./7. Jahrhundert stammenden Codices B.M. Add. 12,142, f. 1–73 und Ambrosianus B. 21. Inf.[5]), den terminus ad quem. Ein terminus a quo läßt sich daraus gewinnen, daß die Peschitta von den beiden griechischen Übersetzungen abhängig ist und später noch einmal nach ihnen überarbeitet wurde. Darüber hinaus ist man bei dem völligen Fehlen äußerer Nachrichten ausschließlich auf innere Kriterien angewiesen.

Hier wäre erstens die seltsame Erscheinung zu erwähnen, daß die Sirach-Peschitta eine Anzahl Targumismen zeigt[6]). Beispiele:

a) 6_{11b}	H^{A}	יתנדה
	Syr	מתרחק
vgl. Am 6_{3}	M	המנדים
	T	אנון מרחקין
gegen	Syr	דמסכין
b) 11_{5a}	$H^{AB\ 1.2}$	כסא
	Syr	כורסיא דמלכותא[7])
vgl. I Reg $1_{20.27}$ $2_{4.24}$ 8_{20} usw.	M	כסא
	T	כורסי מלכותא
gegen	Syr	כורסיא
c) 11_{12c}	H^{A}	ועין י״י
	Syr	מאמרה דמריא
vgl. Ps 18_{25}	M	עיניו
	T	מימריה
gegen	Syr	עינוהי
d) 11_{34a}	H^{A}	ויסלף
	Syr	דלמא נקלקל[8])
vgl. Ex 23_{8} Dtn 16_{19} Hi 12_{19}	M	סלף
	T	קלקל
gegen Ex 23_{8} Dtn 16_{19} Syr הפך; Hi 12_{19}	Syr	שפל
e) 16_{18b}	H^{A}	ברדתו
	Syr	בגלינה[9])
vgl. Gen $11_{5.7}$ 18_{21} usw.	M	ירד
	T	אתגלי
gegen	Syr	נחת
f) 16_{26a}	H^{A}	מראש
	Syr	מן לקודמין
vgl. Jes 41_{4}	M	מראש
	T	מלקדמין
gegen	Syr	מן רשיתא

Zweitens wäre daran zu erinnern, daß die Sirach-Peschitta hin und wieder Anleihen macht bei der Peschitta des alt- und neutestamentlichen Kanons. Beispiele:

a) 3_{22b}	H^{A}	ואין לך עסק בנסתרות
	Syr	ולית לך תוכלנא על כסיתא[10])
vgl. 1T 6_{17}	Gr	ἀδηλότητι
	Syr	דלית עלוהי תוכלנא
b) 6_{37c}	H^{A}	והוא יבין[11]) לבך
	Syr	והו נתקן אורחתך
vgl. Prov 21_{29}	M	הוא יכין דרכיו
	Syr	הו מתקן אורחתא דנפשה

c) 10_{9b}	H^A		יורם
	Syr		תוׄלעא ר̈חשן
vgl. Ex 16_{20}		M	וירם תולעים
		Syr	וארחשו תוׄלעא
d) 10_{17b}	H^A		מארץ זכרם
	Syr		מן בנ̈ינשא דוכרנהון
vgl. Dtn 32_{26}		M	מאנוש זכרם
		Syr	מן בנ̈ינשא דוכרנהון
e) 16_{11d}	H^A		ונושא וסולח
	Syr		ומסגא למשבק
vgl. Jes 55_7		M	כי־ירבה לסלוח
		Syr	דמסגא למשבק

Aber solange die Geschichte der jüdisch-aramäischen und der syrischen Bibelübersetzungen selbst noch völlig ungeklärt ist, lassen sich aus der Abhängigkeit von ihnen oder von den ihnen zugrunde liegenden Traditionen keine Schlüsse ziehen auf das Alter der Sirach-Peschitta.

Diesem Dilemma sucht M. H. Segal[12]) zu entgehen, indem er hinweist auf Spuren rabbinischer Exegese in der Sirach-Peschitta, besonders auf die Berührung von

41_{20} Syr כל דשאלין בשלמה ושתיק הו הו גלוזא רבא
«Jeder, den man grüßt, und er schweigt, der ist ein großer Räuber»

mit dem Wort des R. Huna

bBer 6b ואם נתן לו (= שלום) ולא החזיר נקרא גזלן
«Und wenn man ihn grüßt, und er antwortet nicht, dann nennt man ihn Räuber».

Da R. Huna um 250 n.Chr. gelebt habe[13]), könne die Sirach-Peschitta nicht vor ca. 300 entstanden sein.

So richtig dieser zeitliche Ansatz grundsätzlich auch sein mag, ist die Argumentation doch zu schwach, als daß sie die ganze Last des Beweises tragen könnte. Vor allen Dingen übersieht M. H. Segal, daß נקרא גזלן — Sprüche sich während der 3., 4. und 5. Generation der Tannaim offenbar einer gewissen Beliebtheit erfreuten, vgl. bBM 78b וכל המעביר על דעת של בעל הבית נקרא גזלן und jQid 62b כמה דרבי מאיר אמר כל המשנה מדעת הבעלים נקרא גוזלן. כן ר׳ שמעון בן אלעזר אמר הכא כל המשנה מדעת הבעלים נקרא גוזלן. Hätte der Übersetzer der Sirach-Peschitta das Wort des R. Huna wirklich gekannt, dann wäre es mehr als erstaunlich, wenn er das charakteristische Merkmal der Gattung, der dieses Wort angehört, durch ein blasses הו גלוזא רבא ersetzt hätte. In Anbetracht dessen wird man damit rechnen müssen, daß beide, R. Huna und der unbekannte Übersetzer, unabhängig voneinander auf ähnliche Formulierungen des gleichen Gedankens verfallen sind.

Nach alledem wird man feststellen können, daß die ältere Textform des hebräischen Sirach der Vorlage der griechischen Übersetzung des Enkels, d.h. dem um 190 v.Chr. in Palästina entstandenen Weisheitsbuch des Jesus ben Eleazar ben Sira[14]) entspricht, während es sich bei der jüngeren Textform um das hebräische Original der zwischen 130 v.Chr. und 215 n.Chr. aufgekommenen sogenannten zweiten griechischen Übersetzung und der Peschitta handelt. Das wird sich nicht in jedem Einzelfalle bündig nachweisen lassen, weil die alten Versionen selbst nicht immmer einen sicheren Rückschluß auf ihre Vorlage erlauben[15]) und die durch keine Masora geschützten[16]) Sirach-Fragmente aus der Kairoer Geniza nicht frei sind von Lese- und Schreibfehlern, die man nur mit Hilfe eben dieser Übersetzungen emendieren kann. Aber davon wird die grundsätzliche Richtigkeit des hier aufgezeigten Sachverhaltes nicht berührt.

Die damit gegebene Zeitspanne von nahezu 350 Jahren, in der sich die Umgestaltung der älteren in die jüngere Textform vollzogen haben muß, läßt sich auf Grund der Entsprechungen zwischen der jüngeren Textform und der ersten Jesaja-Rolle[17]), den Hodajoth[18]) und dem Nahum-Kommentar[19]) von Qumrān einerseits, dem masoretischen Text des Proverbienbuches[20]) andererseits möglicherweise noch ein wenig einengen. Da Chirbet Qumrān im Sommer des Jahres 68 n.Chr. zerstört wurde[21]) und der masoretische Text sich seit der endgültigen Feststellung des jüdischen Kanons auf der Synode von Jamnia um 100 n.Chr.[22]) nicht mehr wesentlich verändert hat, wird man kaum fehlgehen mit der Vermutung, daß die Entstehung der jüngeren Textform des hebräischen Sirach zwischen 50 und 150 n.Chr. anzusetzen ist.

Greift man abschließend die von J. Ziegler[23]) und A. A. di Lella[24]) wieder aufgeworfenen Frage nach der Authentizität der Sirach-Fragmente aus der Kairoer Geniza noch einmal auf, so ist sie, was die ältere Textform angeht, rückhaltlos mit ja zu beantworten. Genauso wird die Antwort für die jüngere Textform lauten müssen, wenn man unter Authentizität versteht, daß die jüngere Textform nicht durch Rückübersetzung aus dem Griechischen oder Syrischen zustandegekommen, sondern unter bestimmten historischen Voraussetzungen auf jüdischem Boden entstanden ist.

Meint man aber mit Authentizität in Wirklichkeit die Identität mit dem Original des Weisheitsbuches des Jesus ben Eleazar ben Sira, dann ist diese Frage, was die jüngere Textform betrifft, falsch gestellt. Denn nicht die Identität mit einem Original, sondern einzig und allein das sachgemäße Verhalten gegenüber dem von diesem Original Intendierten ist der Maßstab, der an die jüngere Textform angelegt werden darf[25]). Und Sachgemäßheit ist das Letzte, was man einer Textform absprechen kann, die נבון durch ירא י״י, «einsichtig» durch «gottesfürchtig» interpretiert[26]).

VI. Das Alter der beiden Textformen des hebräischen Sirach

1) Vgl. S. A. Birnbaum bei M.Ṣ. Segal, The Complete Ben Sira, XIV.
2) Vgl. J. Ziegler, Einleitung, 68f.
3) Vgl. J. Ziegler, a.a.O. 57f.
4) Vgl. List of Old Testament Peshiṭta Manuscripts, Preliminary Issue, ed. by the Peshiṭta Institute, Leiden University, 1961, 107.
5) S. oben 9.
6) Vgl. R. Smend, Index, VIII Anm. 8.
7) S. oben IV.18.
8) S. oben II.12.
9) S. oben II.17.
10) S. oben III.7.
11) l c Syr יכין נתקן.
12) M. H. Segal, Evolution, 124f.; M.Ṣ. Segal, The Complete Ben Sira, 63.
13) Vgl. H. L. Strack, Einleitung in Talmud und Midraš, 1920[5] (Nachdruck 1930), 135.
14) Vgl. O. Eißfeldt, Einleitung in das Alte Testament, 1964[3], 809.
15) Vgl. dazu die Ausführungen des Enkels in den Zeilen 15–23 seines Prologs.
16) Vgl. Abot 3_{13} מסורת סיג לתורה.
17) S. oben 15 und 22.
18) S. oben 65 und 89.
19) S. oben 64 und 92.
20) Siehe oben 84. Vgl. dazu meinen Aufsatz Zum Text von Prv. 31, 30, WO 5 (1969), 96–99.
21) Vgl. J. T. Milik, Dix ans de découvertes dans le désert de Juda, 1957, 46.
22) Vgl. O. Eißfeldt, a.a.O. 769f.
23) S. oben 1–4.
24) S. oben 4–8.
25) Das gleiche Problem ergibt sich, wenn man verschiedene Fassungen unserer Gesangsbuchlieder miteinander vergleicht. Siehe z.B. die beiden Fassungen der 3. Strophe von «Wachet auf, ruft uns die Stimme» bei J. Kulp, Die Lieder unserer Kirche, hg. von A. Büchner und S. Fornaçon, Handbuch zum Evangelischen Kirchengesangbuch, Sonderband, 1958, 198.
26) S. oben IV.51.

Register der behandelten Sirach-Stellen